Cost Engineering

高等教育工程造价专业系列教材

土木工程制图与识图
习题集

主编⊙张 敏 孟 萍

TUMU GONGCHENG ZHITU YU SHITU XITIJI

西南交通大学出版社
·成都·

图书在版编目（CIP）数据

土木工程制图与识图习题集 / 张敏，孟萍主编. —成都：西南交通大学出版社，2016.9（2024.6 重印）
高等教育工程造价专业"十三五"规划系列教材
ISBN 978-7-5643-5050-5

Ⅰ. ①土… Ⅱ. ①张… ②孟… Ⅲ. ①土木工程－建筑制图－识图－高等学校－习题集 Ⅳ. ①TU204.21-44

中国版本图书馆 CIP 数据核字（2016）第 225387 号

土木工程制图与识图习题集

主编 张 敏 孟 萍

*

责任编辑 曾荣兵
封面设计 墨创文化

西南交通大学出版社出版发行
四川省成都市二环路北一段 111 号西南交通大学创新大厦 21 楼
邮政编码：610031 发行部电话：028-87600564
http://www.xnjdcbs.com
四川森林印务有限责任公司印刷

*

成品尺寸：370 mm × 260 mm 印张：8.5
字数：210 千
2016 年 9 月第 1 版 2024 年 6 月第 4 次印刷
ISBN 978-7-5643-5050-5
定价：29.00 元

前　言

　　《土木工程制图与识图》是高等学校建筑工程专业类的基础教材。本书从知识体系上力求简明扼要，弱化了画法几何部分的内容，以够用为原则，内容精简，难度适当降低；强化专业图识读部分的内容，对制图和读图的原理力求分析透彻，并注重与工程实际相结合，深入浅出、覆盖面广，通过多读多见来增强学生对专业图的理解与记忆。

　　《土木工程制图与识图习题集》（以下简称习题集）是与《土木工程制图与识图》配套使用的，在编写过程中，力求与课本编写的指导思想相契合，着重处理好知识学习、能力培养和素质提高的关系；理论知识与工程应用的关系。注重"图学知识"与"制图技术"的紧密结合，既注重工程制图基本技能训练，又强调科学思维方式的培养和空间思维能力、创造能力的开发和提高。

　　本习题集在图例选择方面尽量选用国家标准上出现的图例，在房屋建筑施工图看图方面采用了一套框架结构的建筑施工图和与之配套的结构施工图，这样能更好地帮助读者理解房屋施工图的含义。同时，也给出了一套道路和桥梁的施工图，增加读者对道路桥梁施工图的理解。

　　本习题集由云南大学、云南农业大学和昆明学院合作完成，编写分工如下：孟萍编写第1~7章；李金伟编写第8章，同时张敏给予了很多建议。全书由张敏统稿，由陆志炳校图。

　　本习题集参考了一些同类教材、习题册等文献，在此谨向文献的作者致以衷心的感谢。

　　由于编者水平有限，书中难免存在缺点和不足，恳请广大同仁及读者不吝赐教，在此谨表感谢。

编　者

2016 年 4 月

| 班级 | 姓名 | 学号 | 1 |

房屋建筑制图统一标准钢筋混凝土底层平面基础墙地板比例尺形体分析法长

仿宋体字纸幅面工业民用厂房土木水泥砂石灰浆门窗雨篷勒脚设计说明框架

班级　　姓名　　学号

框架结构砖混暖图字墙索引符号详图建筑施工图定位轴线标注可见

轮廓线楼梯间法做后国标基本规定样房屋建筑制图国家标准底层平

剖面图墙根据台阶的轴测画三视承重正常使用极轴并尺寸形体投影

补绘基础面将作楼盖断面剖切风向玫瑰图标高符号状态计算稳定性

ABCDEFGHIJKLMNOPQRSTUVWXYZ

abcdefghijklmnopqrstuvwxyz

1234567890ØR　1234567890ØR

1. 标注图形的尺寸

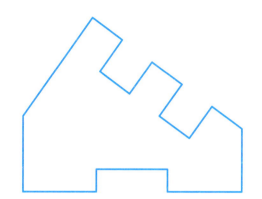

2. 标注图形的尺寸

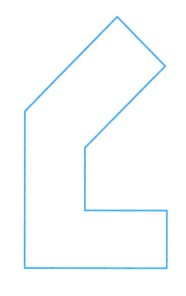

3. 改正图中尺寸标注的错误，并在下图中标注正确的尺寸。

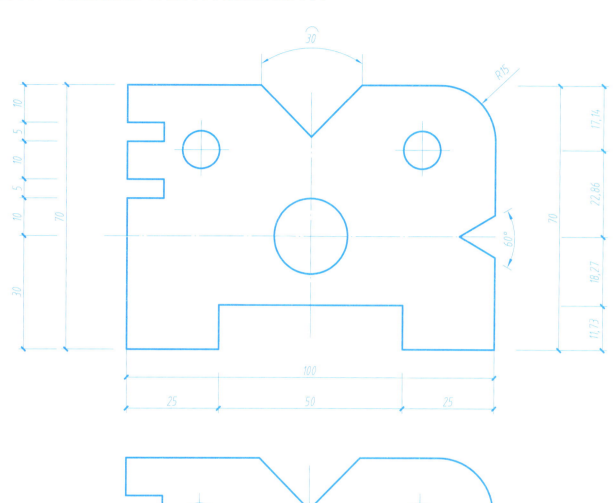

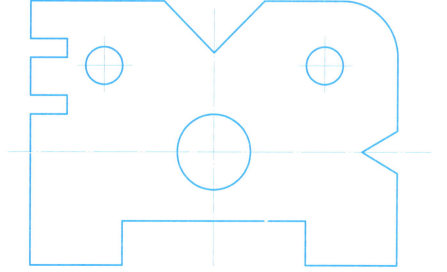

一、目的

　　1. 学习绘图工具和仪器的正确使用方法。

　　2. 熟悉线型、圆弧、建筑材料的画法和字体写法、尺寸的注写等。

　　3. 初步掌握制图的基本规格（图纸幅面、线型、比例、字体、尺寸标注、建筑材料等）。

二、内容

　　线型和常用建筑材料图例

三、要求

　　4. 图纸：A3图幅；标题栏：格式及大小见课本。

　　5. 图名：线型练习；图别：制图基础。

　　6. 比例：1：1。

　　7. 图线：基本粗实线、粗虚线 $B \approx 0.7$ mm（2B或B铅笔），中实线、中虚线 $0.5B \approx 0.35$mm（HB或B铅笔），细实线、细虚线、细点画线 $0.35B \approx 0.25$ mm（HB铅笔）。

　　8. 字体：字体用HB铅笔写长仿宋体，先打格，后写字，字要足格。其中：建筑材料名称用7号字，尺寸数字用3.5号字，标题栏中的图名、校名用7号字，其余字体用5号字。

　　9. 底稿线：用H铅笔画图，要求轻、细、准；尽量不用橡皮擦除。

　　10. 绘图质量：作图准确，布图均匀；图线粗细分明、交接正确，同一线型的宽度保持一致。建筑材料图例线画45°细实线，要间隔一致，2~3 mm。字体要整齐、端正。

四、说明

　　要求用绘图工具和仪器在图板上规规矩矩画图。画底稿和加深图线时，都不准离开图板和丁字尺，且丁字尺尺头始终位于图板的左边缘。

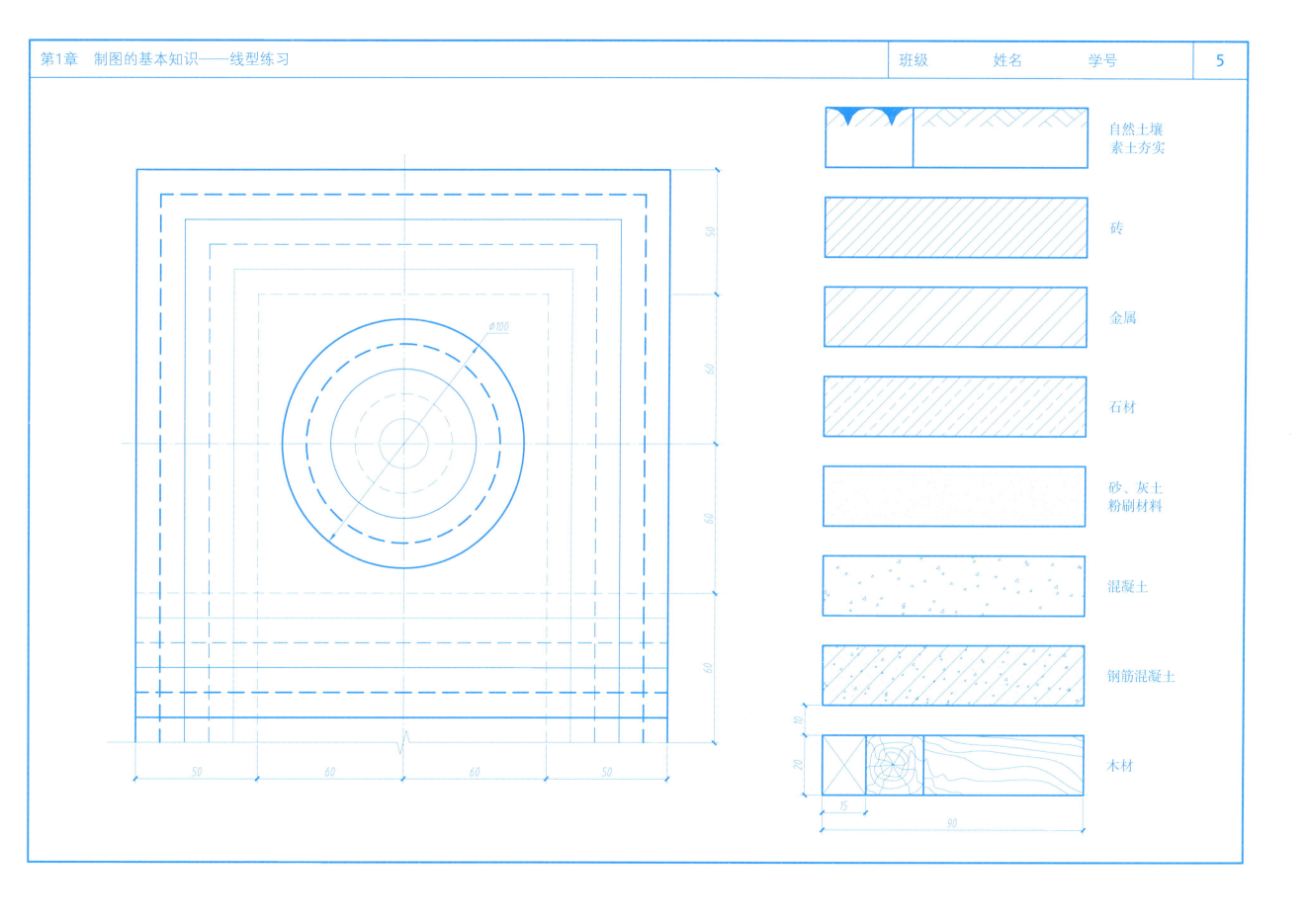

自然土壤
素土夯实

砖

金属

石材

砂、灰土
粉刷材料

混凝土

钢筋混凝土

木材

一、目的

　　1.复习绘图工具和仪器的正确使用方法。

　　2.熟悉线型、圆弧连接的作图方法和字体写法、尺寸的注写等。

　　3.进一步掌握制图的基本规格（图纸幅面、线型、比例、字体、尺寸标注、建筑材料等）。

二、内容

　　图线画法，直线与圆弧、圆弧与圆弧的连接。

三、要求

　　1.图纸：A3图幅；标题栏：格式及大小见课本。

　　2.图名：几何作图；图别：制图基础。

　　3.图线：基本粗实线 $B≈0.7$ mm,细实线、细点划线 $0.35B≈0.25$ mm。

　　4.字体：字体应写长仿宋体，先打格，后写字，字要足格。其中：各图图名用 7号字，比例用5号字，尺寸数字用3.5号字，标题栏中的图名、校名用7号字，其余字体用5号字。

　　5.绘图质量：作图准确，布图均匀；图线粗细分明、交接正确，同一线型的宽度保持一致。字体要整齐、端正。

四、说明

　　1.抄绘时要重新布置各图的位置。

　　2.加深图线时要先试画；先加深圆弧，后加深直线。

　　3.要求用绘图工具和仪器在图板上规规矩矩画图。画底稿和加深图线时，都不准离开图板和丁字尺，且丁字尺尺头始终位于图板的左边缘。

　　4.注意尺寸箭头的画法，同一张图纸中的尺寸箭头应大小一致。

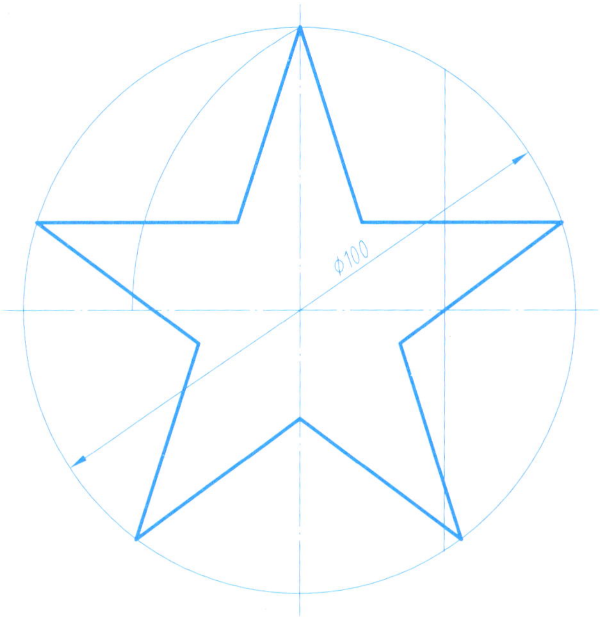
φ100

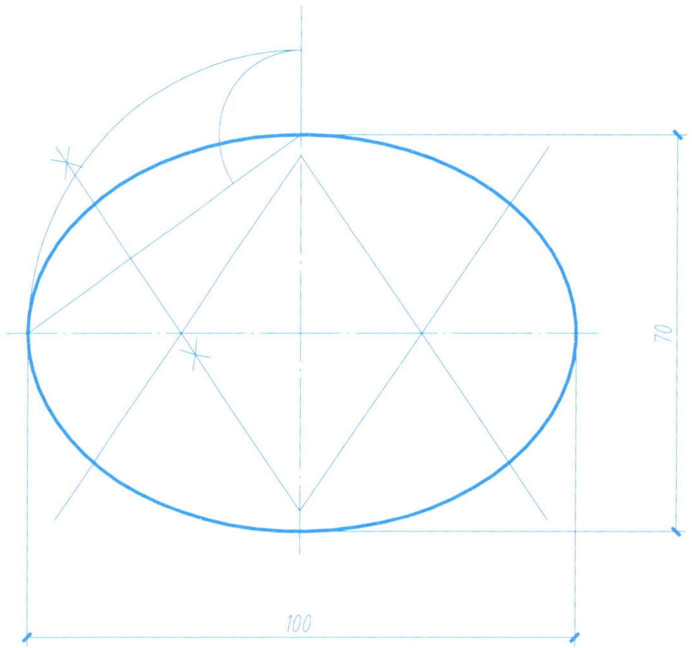
70
100

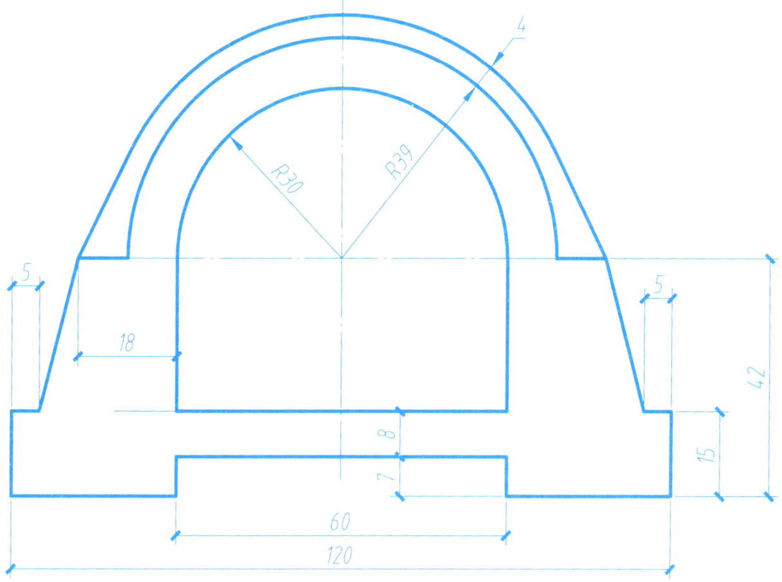
4
R30
R39
5
18
5
42
8
7
15
60
120

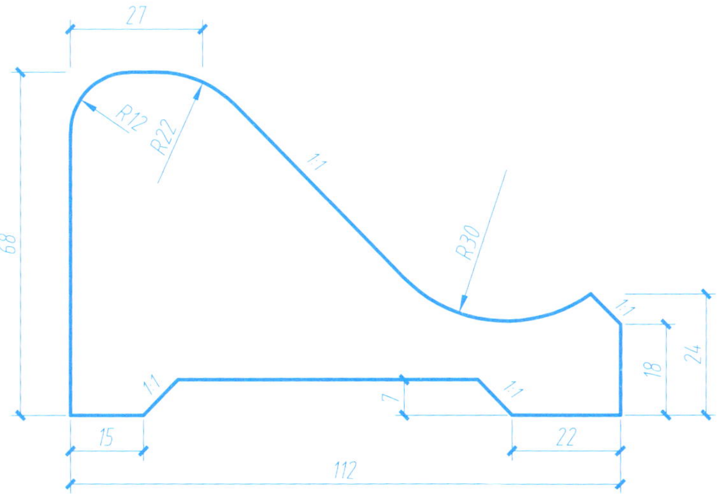
27
R12
R22
11
68
R30
11
11
7
11
18
24
15
22
112

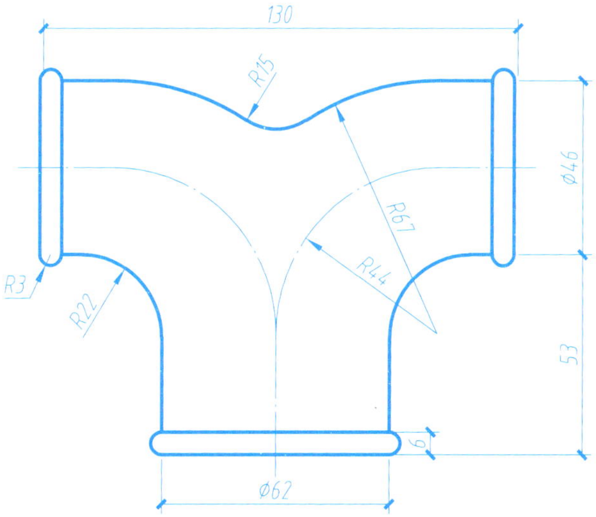
130
R15
φ46
R67
R44
R3
R22
53
6
φ62

φ160
φ600
20
20
900
1100

1. 按1:1的比例抄绘下面图形，并标注尺寸。

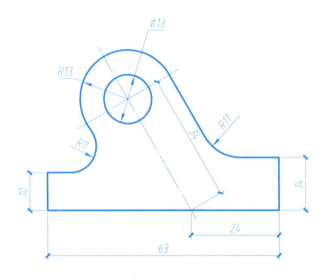

2. 按1:1的比例抄绘下面图形，并标注尺寸。

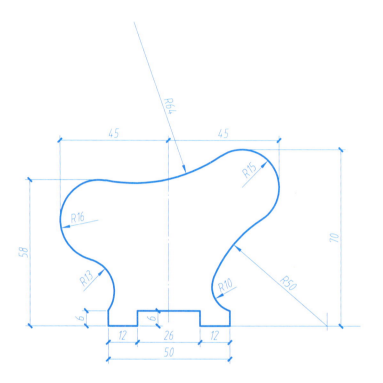

1. 求各点的第三投影，并填上各点到投影面的距离。

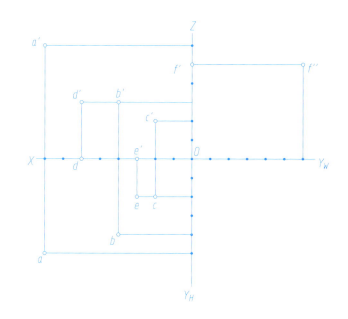

A点距V面（　　　），距H面（　　　），距W面（　　　）
B点距V面（　　　），距H面（　　　），距W面（　　　）
C点距V面（　　　），距H面（　　　），距W面（　　　）
D点距V面（　　　），距H面（　　　），距W面（　　　）
E点距V面（　　　），距H面（　　　），距W面（　　　）
F点距V面（　　　），距H面（　　　），距W面（　　　）

2. 作出点A(20,15,20)，点B(15,0,10)，点C(30,10,5)的直观图和投影图。

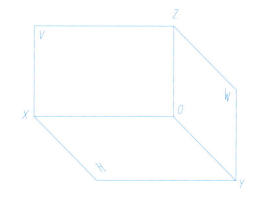

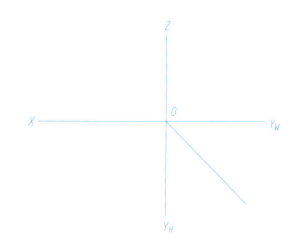

3. 比较下列两点之间的相对位置，并标注坐标差δ。

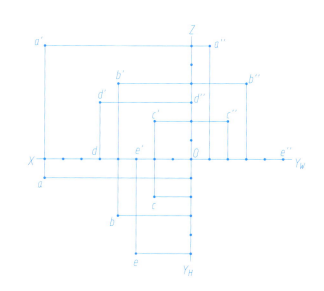

A点在B点的(　　　)，δ=(　　　)
　　　　　 (　　　)，δ=(　　　)
　　　　　 (　　　)，δ=(　　　)
B点在E点的(　　　)，δ=(　　　)
　　　　　 (　　　)，δ=(　　　)
　　　　　 (　　　)，δ=(　　　)
C点在D点的(　　　)，δ=(　　　)
　　　　　 (　　　)，δ=(　　　)
　　　　　 (　　　)，δ=(　　　)

（相对位置填写上、下、左、右、前、后）

4. 补画出点A、B、C、D的侧面投影，标注重影点，并将对各投影面的重影点填在横线上。

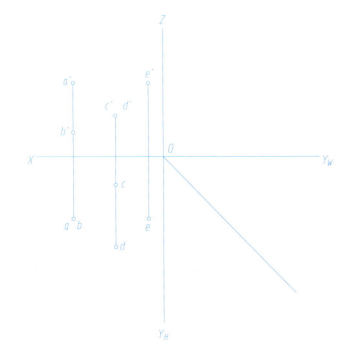

对H面重影点：_____;

对V面重影点：_____;

对W面重影点：_____。

5. 作出点A(30,0,20)、点B(0,0,20)，以及点C在点A的正前方30 mm，作出点A、B、C的三面投影。

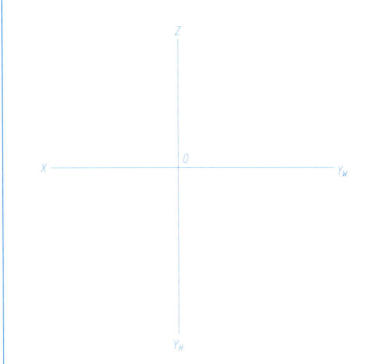

6. 作出点A(25,20,15)、点B(15,18,0)，以及点C在点A的左边15 mm，上边10 mm，前边5 mm，作出点A、B、C的三面投影。

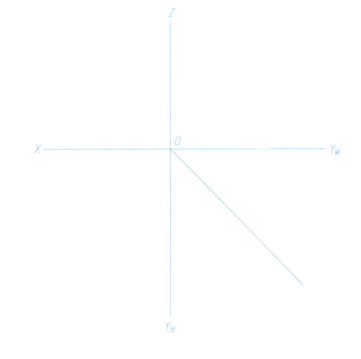

7. 补画出各直线的第三面投影，并注明是哪一种直线。

（1）

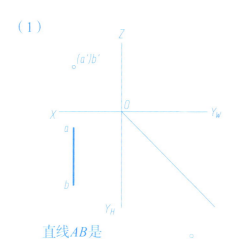

直线AB是 _____。

（2）

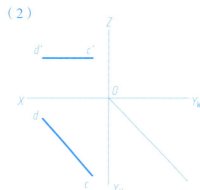

直线CD是 _____。

（3）

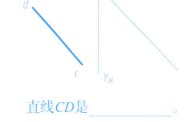

直线EF是 _____。

（4）

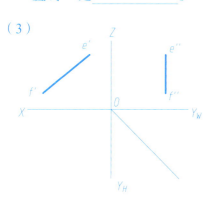

直线GK是 _____。

（5）

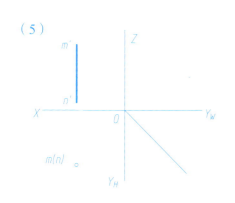

直线MN是 _____。

（6）

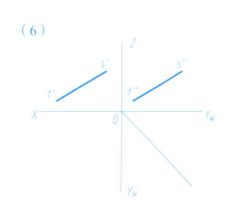

直线ST是 _____。

8. 求直线AB的实长以及对H面、V面的倾斜角α、β。

（1）

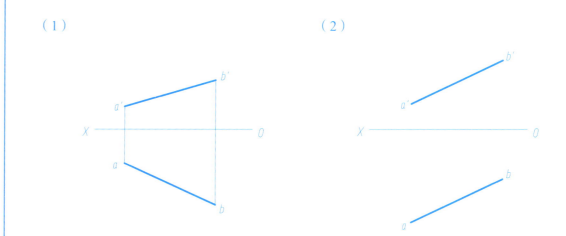

（2）

9. 已知直线AB=15mm，补全AB的三面投影。

（1）AB为正平线，点B在点A的左下方，α=30°。

（1）AB为水平线，A在B的后面，β=30°。

（3）AB为侧垂线，A在左，B在右。

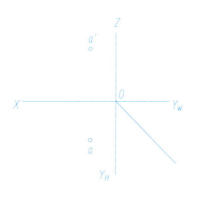

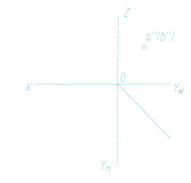

10. 过点A作一直线AB，AB的实长为30 mm，倾角α=30°，β=45°，完成它的投影（在图纸上作两个解）。

11. AB上一点C，距V面15 mm。

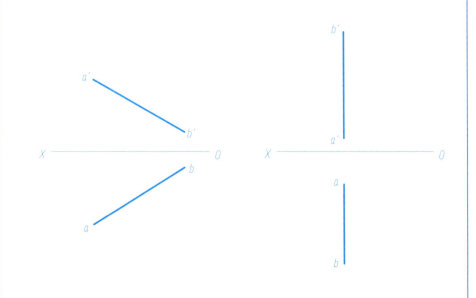
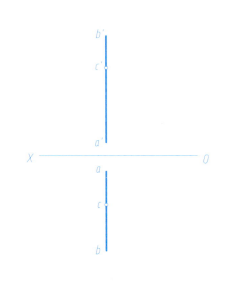

12. 作图判断点C是否在直线AB上。

点C＿＿＿＿直线AB上。

13. 已知点C在直线AB上，分隔AB成AC：CB=2：3，作出直线AB的W投影和点C的三面投影。

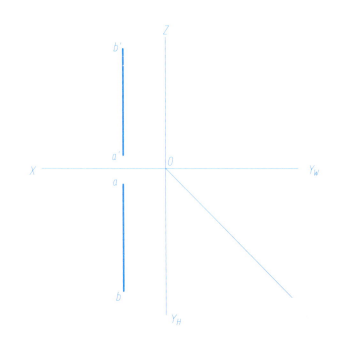

14. 已知点C在直线AB上，分隔AB成AC=20 mm，求点C的两面投影。

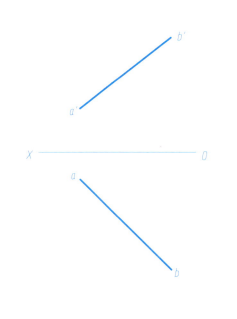

15. 在直线AB上求一点C使C与V、H面等距。

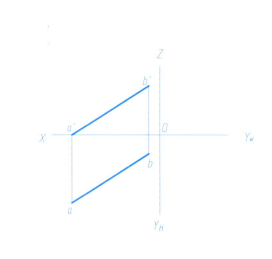

16. 补画直线的第三面投影，并判别两直线的相对位置（平行、相交、交叉）。

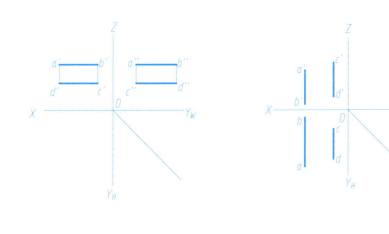

17. 判别两直线的相对位置（平行、相交、交叉）。

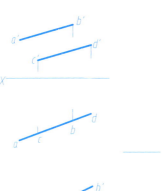
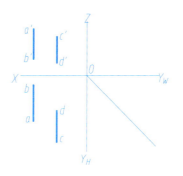
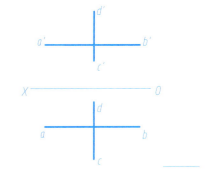
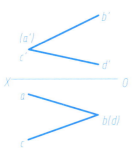
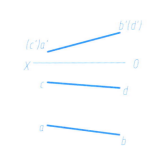
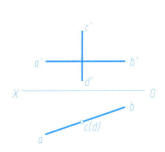

18. 过点M作直线MN使其与直线AB、CD都相交。

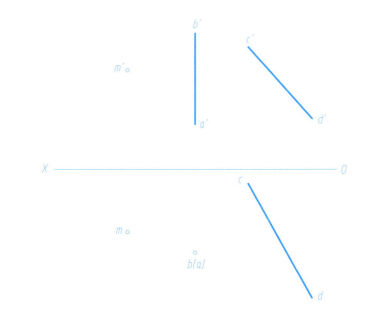

19. 过点M作直线MN∥CD，并判断直线MN与AB是否相交。

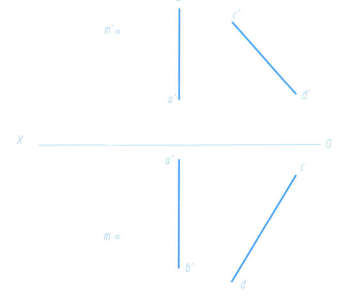

MN与AB　　　　　。

20. 距H面25 mm作水平线MN，与直线AB、CD相交。

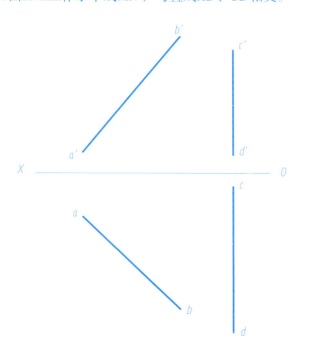

21. 作MN、使其与直线AB平行，并与直线CD、EF都相交。

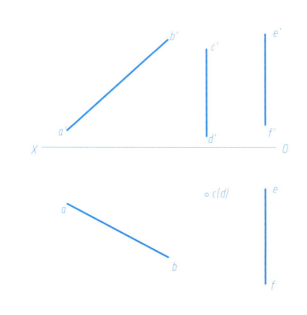

22. 求作交叉两直线的重影点的投影。

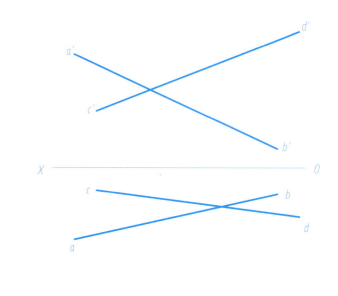

23. 完成平面五边形ABCDE的投影。

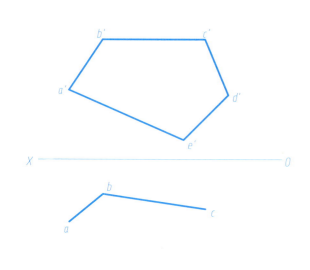

24. 过C点作一直线CD与AB相交。

（1）端点D在Z轴上。　　　　（2）端点D在Y轴上。

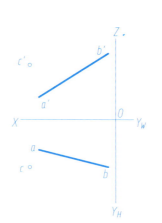

25. 已知M点在V面上，E点在AB上，ME//CD，D在C的左前方，CD长度任取，补全所缺的投影。

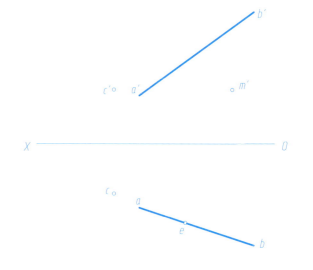

26. 判断两直线的空间相对位置是否垂直。

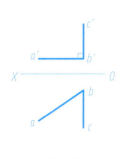 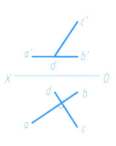 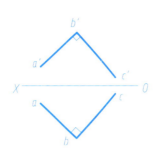

27. 求K到直线AB的距离。

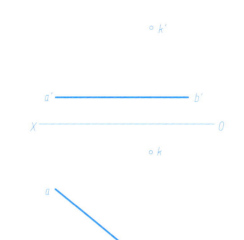 

28. 已知距形ABCD的顶点C属于MN，试画出ABCD的两面投影投影。

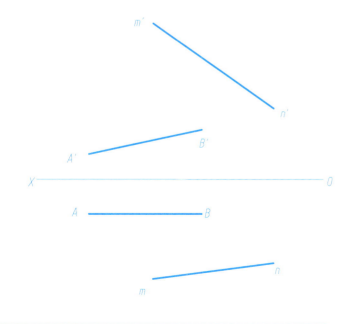

29. 已知正方形ABCD的边BC属于MN，试画出正方形的投影。

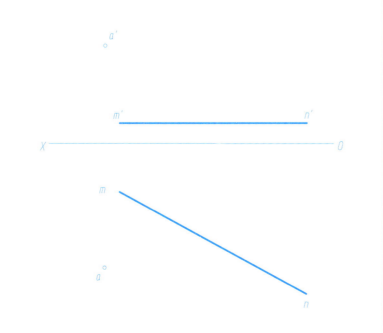

30. 已知点M到直线AB的距离为30 mm，求点M到直线AB距离的两面投影。

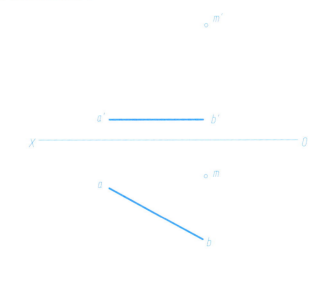

31. 求直线AB与CD的真实距离。

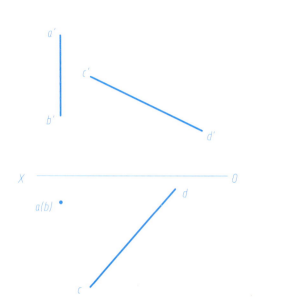

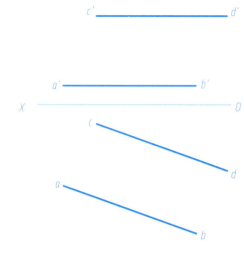

32. 已知AC为水平线，作出等腰三角形ABC的水平投影。

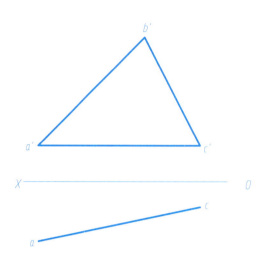

33. 作交叉线AB、CD的公垂线EF，EF与AB相交于E，与CD交于F，并注明两交叉线之间的距离。

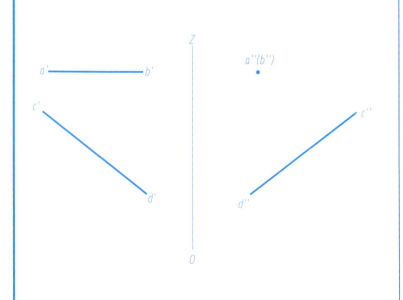

34. AB和CD为空间的两条管道，求连接两条管道的最短路径。

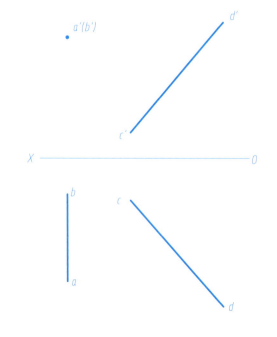

35. 作一等腰△ABC，其底边BC在正平线EF上，底边中点为D，顶点A在直线GH上，并已知AB=AC=30 mm。

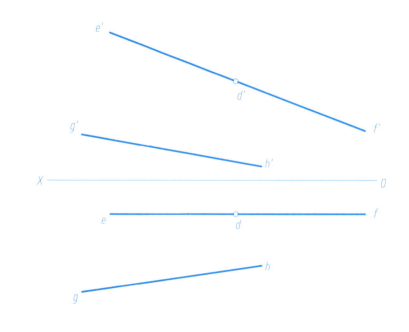

36. 判断下列平面是何种位置平面。

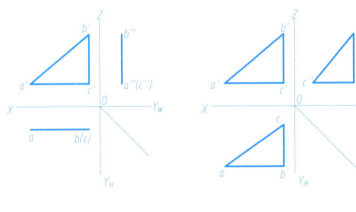

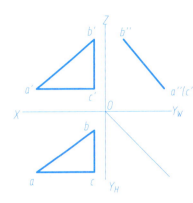

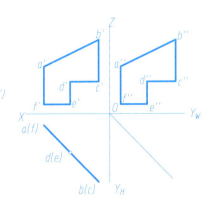

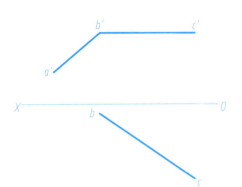

_____面。 _____面。 _____面。 _____面。

37. 完成矩形ABCD的投影。

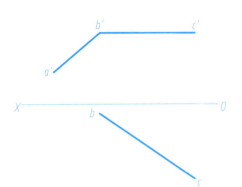

38. 补画出平面图形的第三投影。

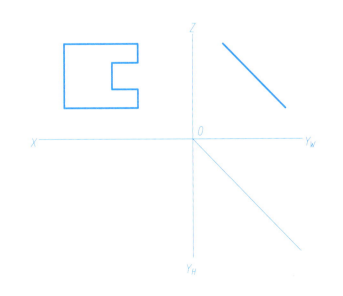

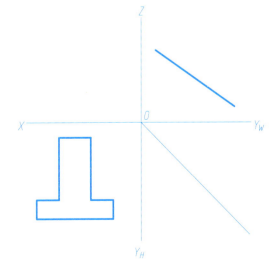

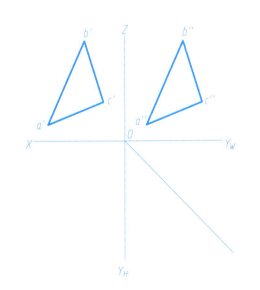

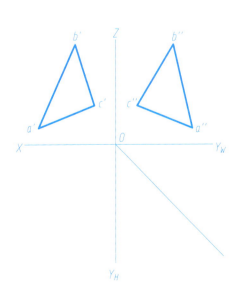

39. 求平面内点的另一个投影。

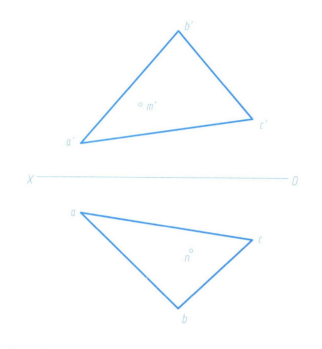

40. 判断下列两题：

（1）判断点M、N是否在平面上。

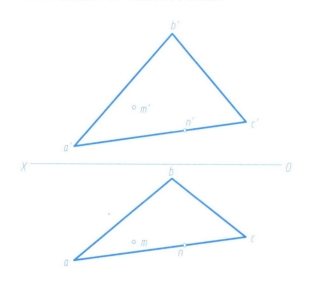

（2）判断图形ABCD是否在同一平面上。

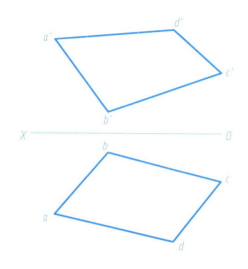

M_____平面ABC上；N_____平面ABC上。

ABCD_____同一平面上。

41. 完成平面五边形ABCED的投影。

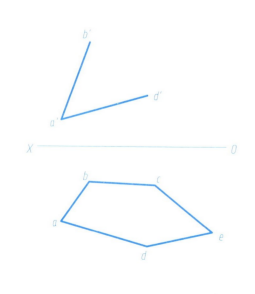

42. 已知平面ABCD的边AD是正平线，距V面10 mm，试补全平面ABCD的水平投影。

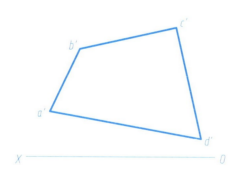

43. AN和AM分别是△ABC上的正平线和水平线，试完成△ABC的水平投影。

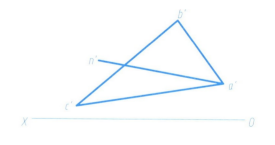

44. 已知点 M 和直线 AB、CD 均在同一平面内，求作 CD 的正面投影。

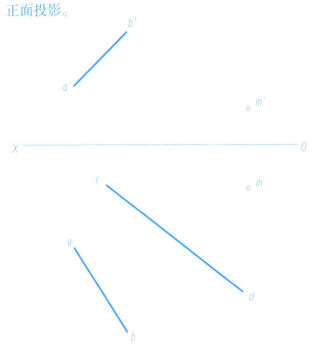

45. 在 △ABC 平面内，作属于该平面的水平线，该线距 H 面 15 mm；作属于该平面的正平线，该线距 V 面 20 mm。

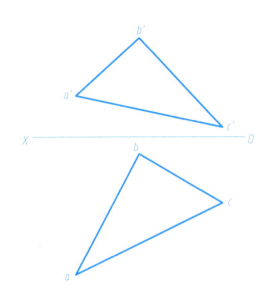

46. 已知平面 △ABC，求平面 △ABC 对 V 面的倾角 β。

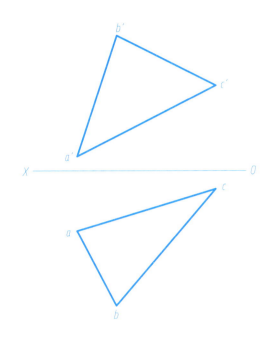

47. 已知正方形 ABCD 的对角线 AC 的两面投影，正方形与 H 面的倾角为 45°，顶点 D 在前下方，完成正方形的三面投影。

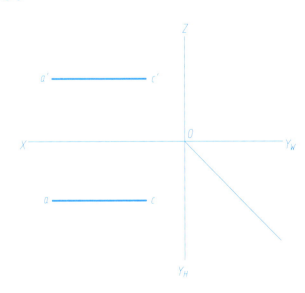

48. 过 M 作直线 MN 与平面 △ABC 平行。

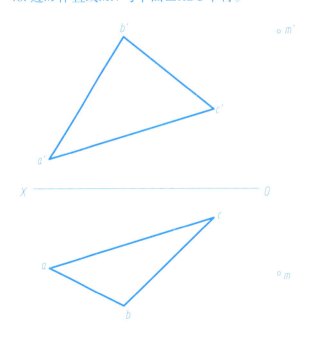

49. 过 K 点作水平线 KM 和正平线 KN 分别平行于 △ABC。

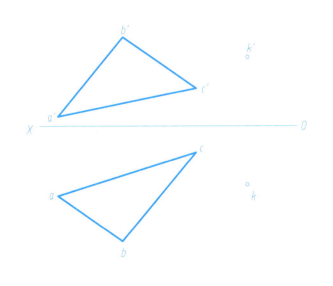

1.在下面各题中，试标出立体图上所注线段的三面投影，并写出他们是怎么样放置的直线。

（1）

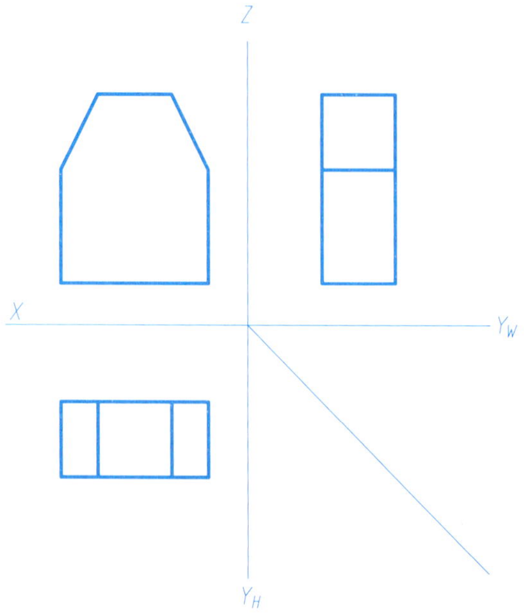

AB＿＿＿＿＿＿＿＿

BC＿＿＿＿＿＿＿＿

CD＿＿＿＿＿＿＿＿

BE＿＿＿＿＿＿＿＿

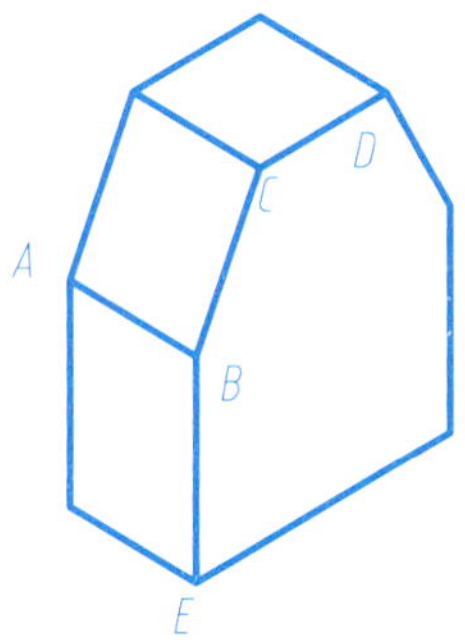

（2）

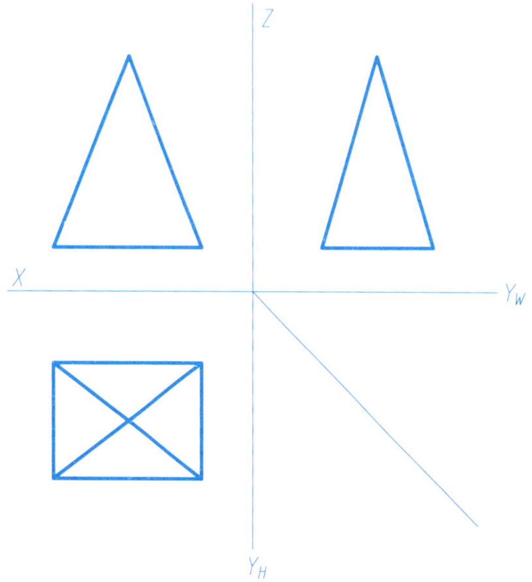

AB＿＿＿＿＿＿＿＿

BC＿＿＿＿＿＿＿＿

CD＿＿＿＿＿＿＿＿

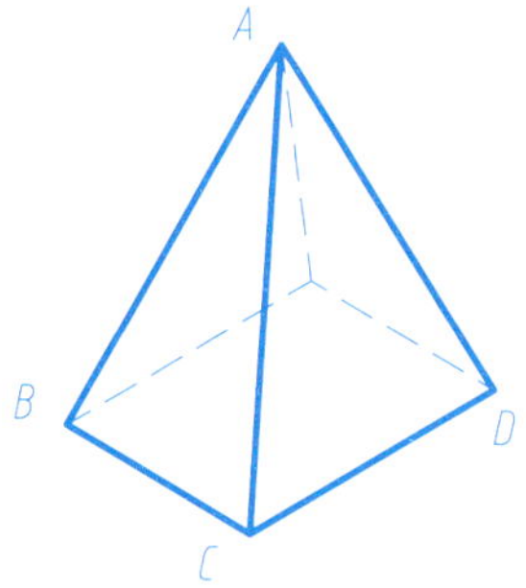

（3）

AB＿＿＿＿＿＿＿＿

BC＿＿＿＿＿＿＿＿

BD＿＿＿＿＿＿＿＿

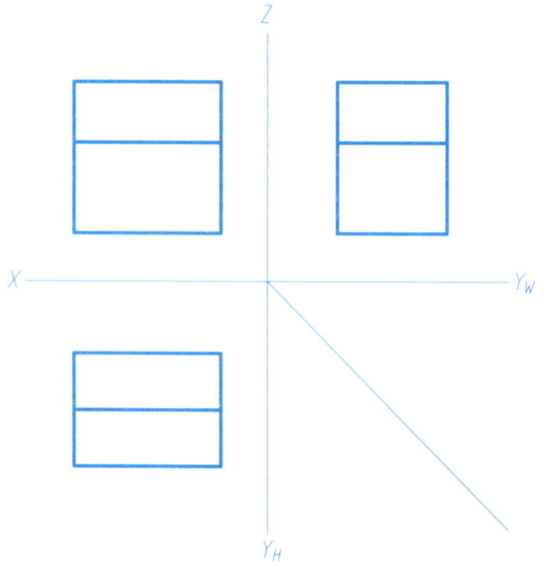

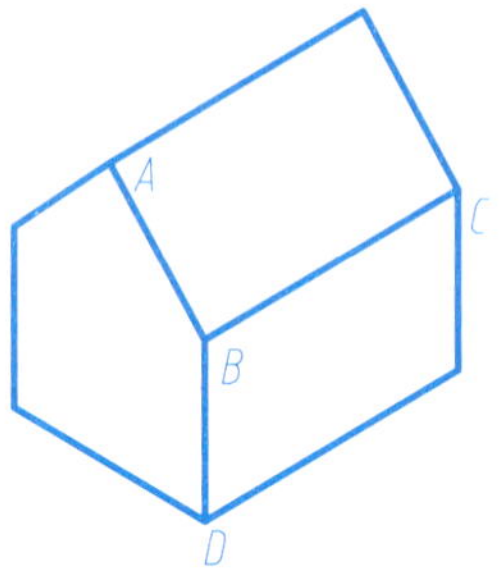

（4）

AB＿＿＿＿＿＿＿＿

BD＿＿＿＿＿＿＿＿

CA＿＿＿＿＿＿＿＿

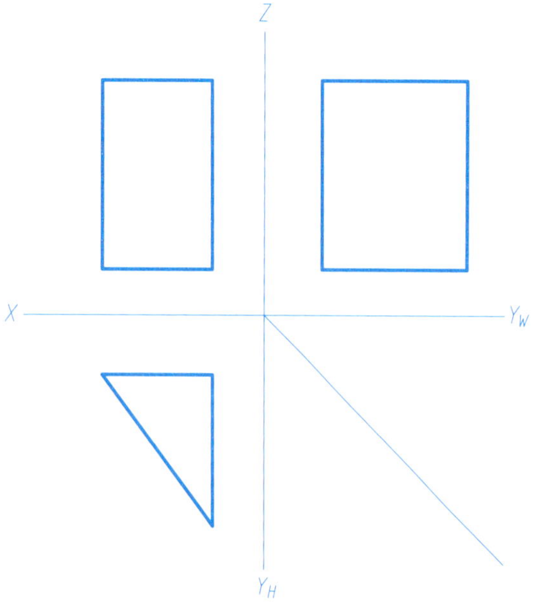

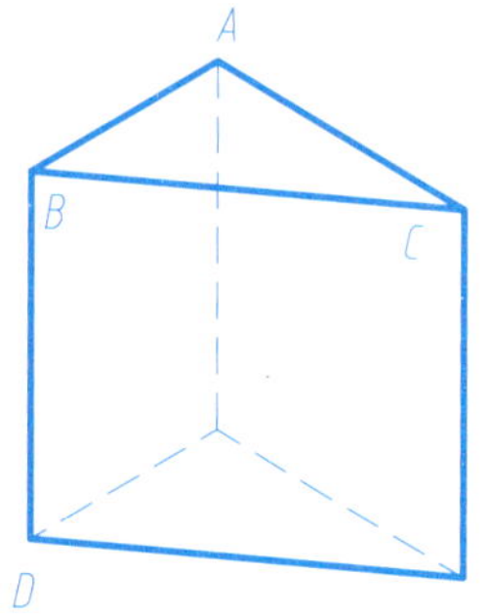

2. 补绘平面体的第三投影。

（1）

（2）

（3）

3.已知四棱柱的两面投影和体表面上点 A、B、C 的部分投影，试作棱柱的正面投影并补全点 A、B、C 的其他两面投影。

c''　　b''

c

a

4.已知三棱柱的两面投影，试作棱柱的侧面投影并补全体表面上点 A、B 的三面投影。

(b')

a'

5.已知三棱柱的两面投影，试作棱柱的侧面投影并补全体表面上点 M、N 的三面投影。

s'

m'

a'　b'　　　c'

c

a　　n

s

b

6. 作出三棱锥的侧面投影及表面上点 A 和折线 BCD 所缺的投影。

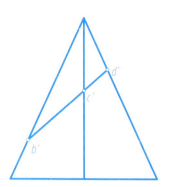

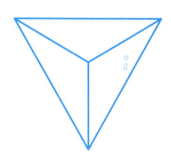

7. 作出六棱柱的水平投影以及表面上折线 ABC 所缺的投影。

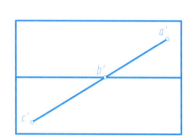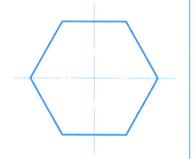

10. 求六棱柱表面上的线 ABCDEFA。

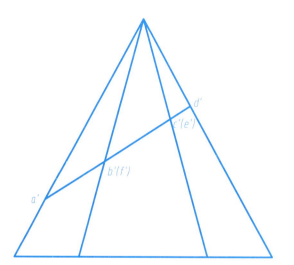

8. 已知三棱柱的两面投影和棱面上的折线 ABC 的水平投影，试作棱柱的侧面投影和折线 ABC 的另外两面投影。

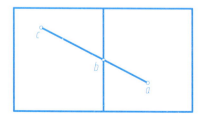

9. 画出三棱柱 V 面投影，并补全三棱柱表面上的折线 FACEDBF 的 H 面、V 面投影。

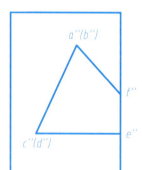

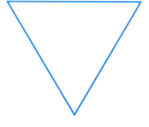

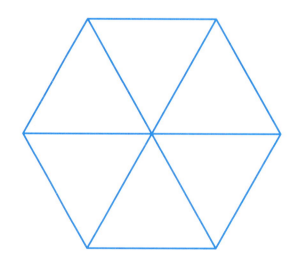

11.已知圆柱的两面投影和柱面上的点A、B、C的一面投影，试作圆柱的侧面投影和点A、B、C的其余两个投影。

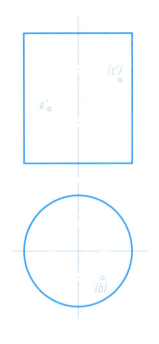

12.已知圆柱的两面投影和柱面上的点A、B、C的一面投影，试作圆柱的正面投影和点A、B、C的其余两个投影。

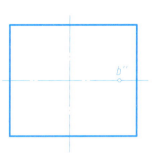

13.已知圆柱的两面投影和柱面上线ABC的V投影，试作圆柱的侧面投影和线ABC的其余两个投影。

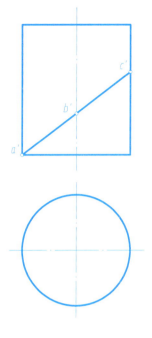

14.已知圆锥的两面投影和锥面上点A、B、C的一面投影，试作圆锥的侧面投影和点A、B、C的其余两个投影。

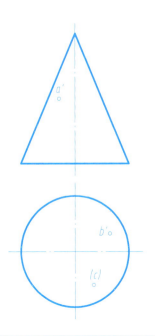

15.已知圆锥的两面投影和锥面上线ABC的V投影，试作圆锥的侧面投影和线ABC的其余两个投影。

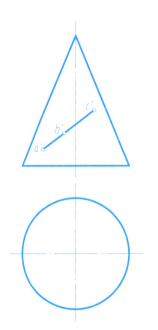

16.已知圆锥表面上的封闭曲线的侧面投影，求作其正面投影和水平投影。

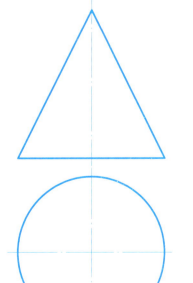
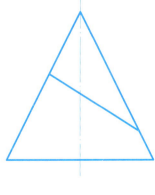

17. 用切割的观点分析图示形体形成的过程，作出它的水平投影。

第一步：原始形体为一长方体，作其水平投影

第二步：第一次切割，作其水平投影

第三步：再切割一次，作其水平投影

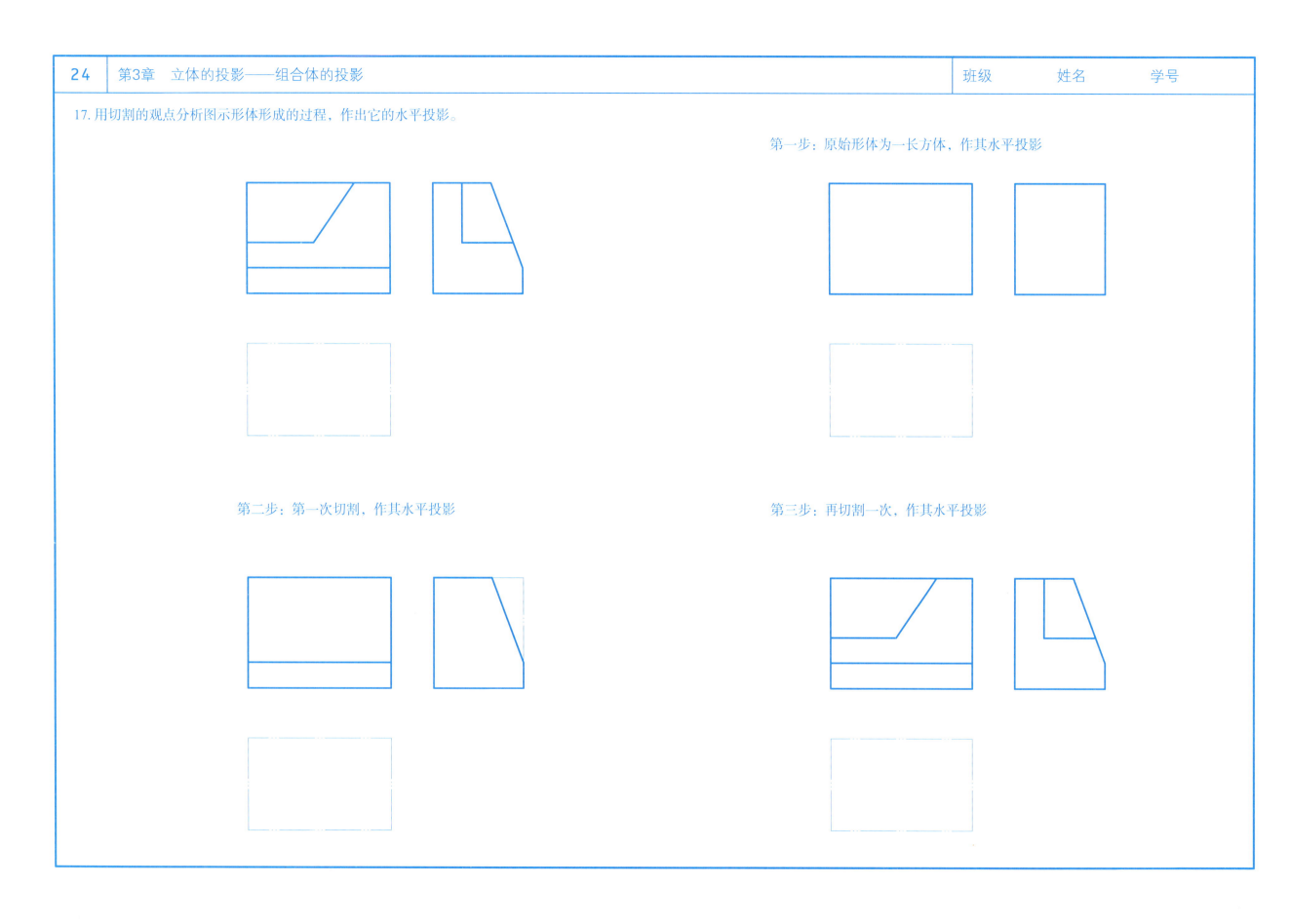

18. 在投影图中，标出立体图上指定平面的三面投影，并写出它们是什么位置平面。

（1）

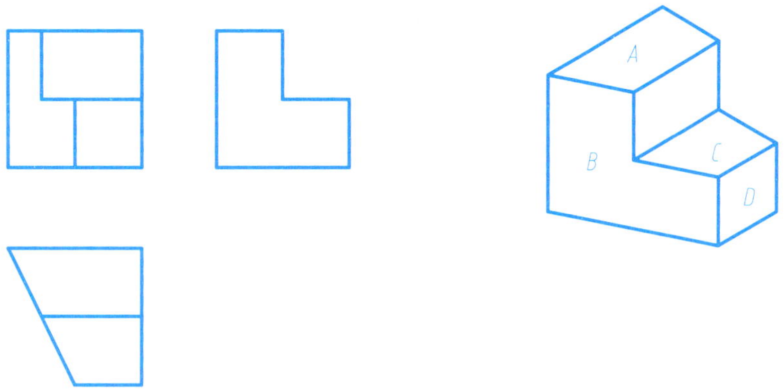

A 是＿＿＿＿＿＿面，*C* 是＿＿＿＿＿＿面，

B 是＿＿＿＿＿＿面，*D* 是＿＿＿＿＿＿面。

（2）

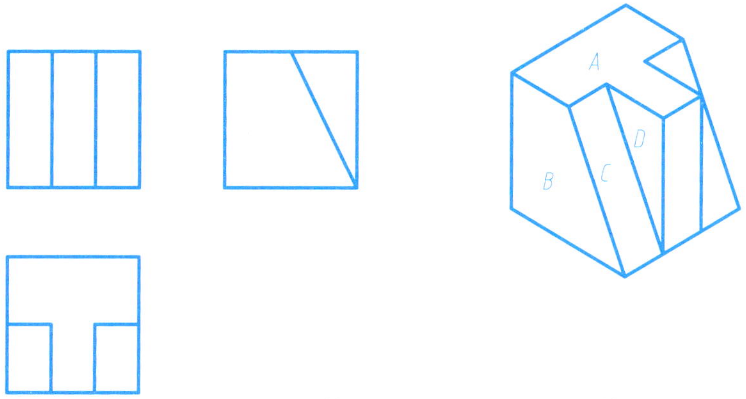

A 是＿＿＿＿＿＿面，*C* 是＿＿＿＿＿＿面，

B 是＿＿＿＿＿＿面，*D* 是＿＿＿＿＿＿面。

（3）

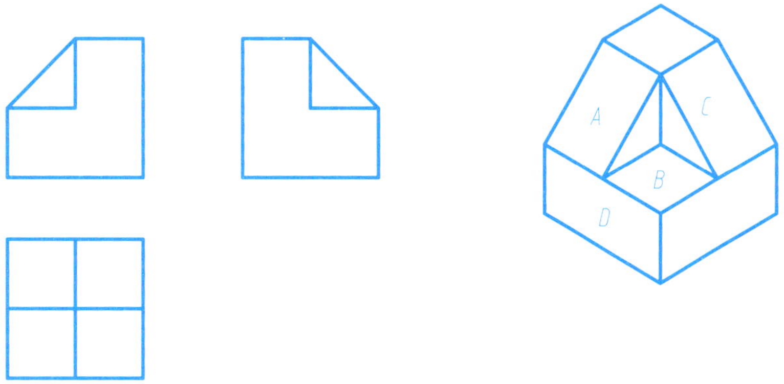

A 是＿＿＿＿＿＿面，*C* 是＿＿＿＿＿＿面，

B 是＿＿＿＿＿＿面，*D* 是＿＿＿＿＿＿面。

（4）

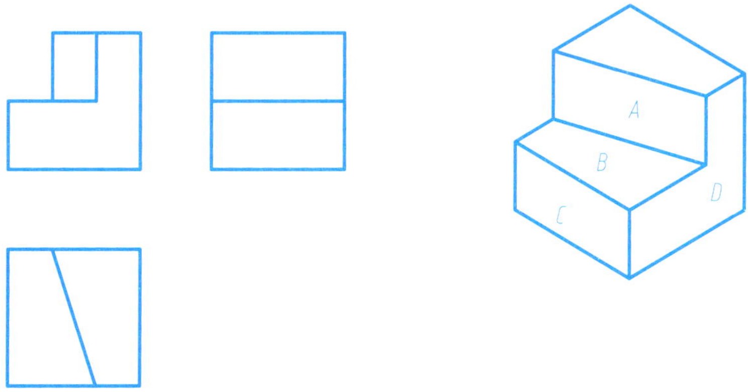

A 是＿＿＿＿＿＿面，*C* 是＿＿＿＿＿＿面，

B 是＿＿＿＿＿＿面，*D* 是＿＿＿＿＿＿面。

19. 看懂立体图，找出相应的投影图，标出号码。

20. 找出立体图形对应的三视图，并将编号填入圈内。

（1）

（2） ○

（3）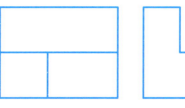

（4）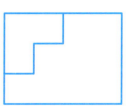 ○

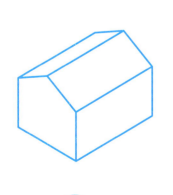

①

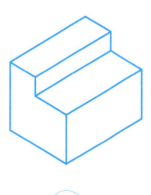

②

③

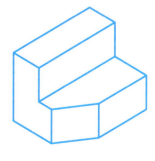

④

21.找出立体图形对应的三视图,将编号填入圈内,并标出立体图上点的投影。

（1）

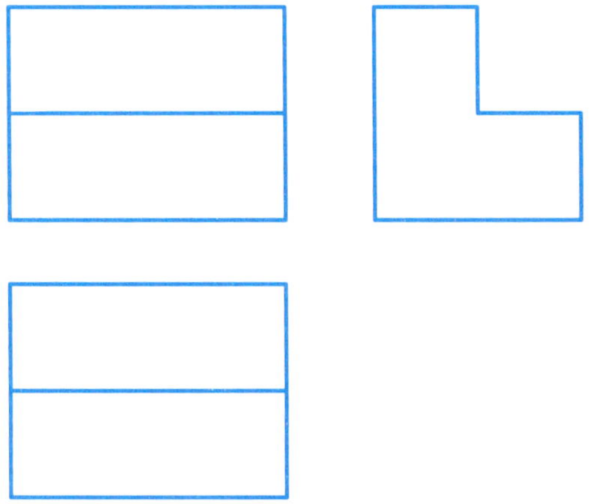

（2）

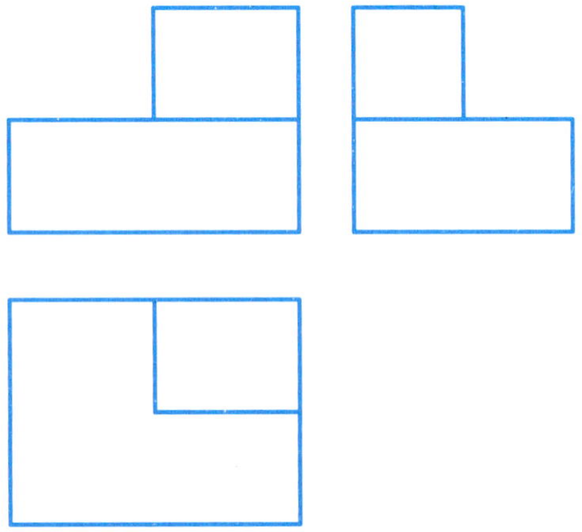

（3）

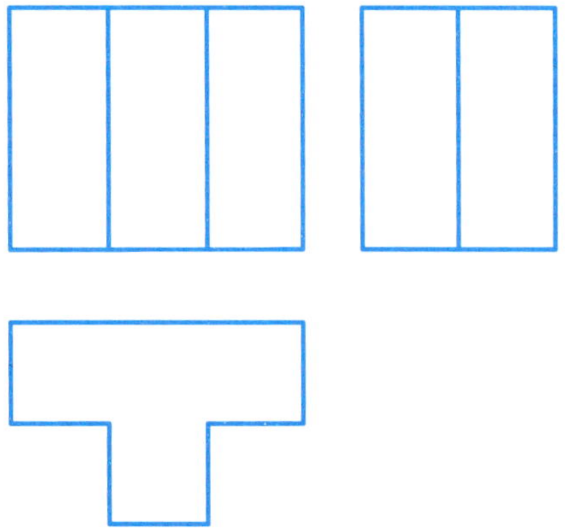

（4）

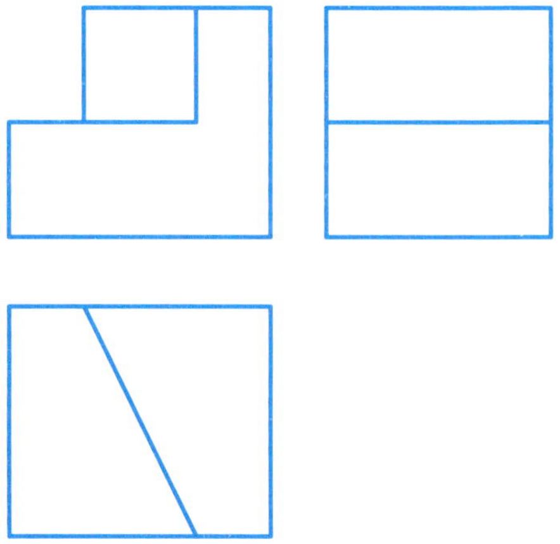

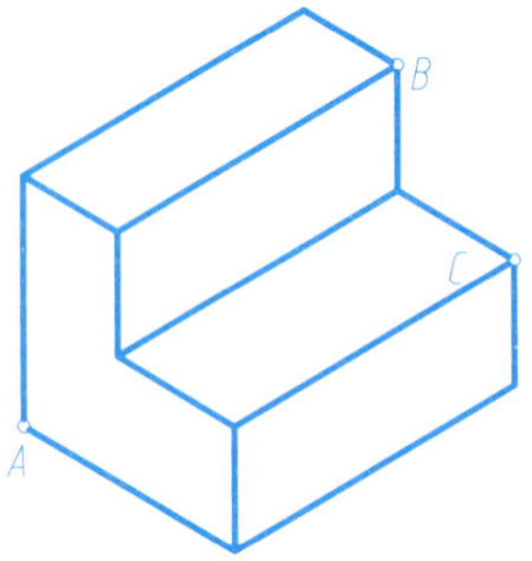

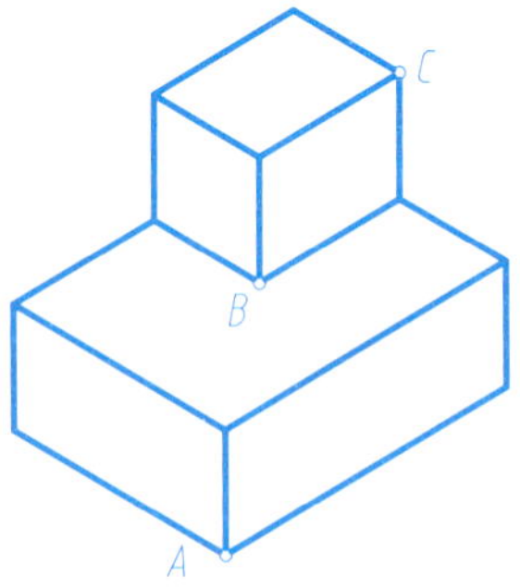

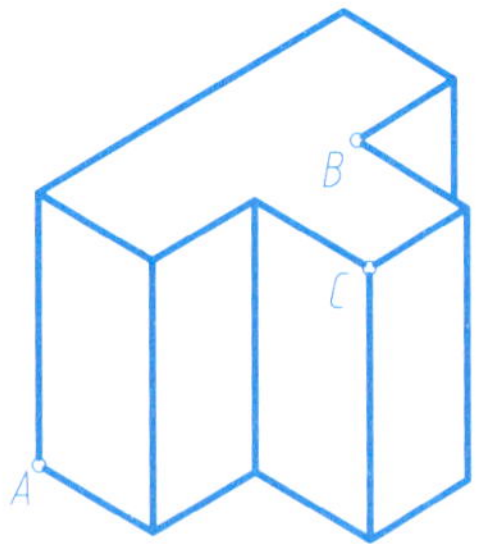

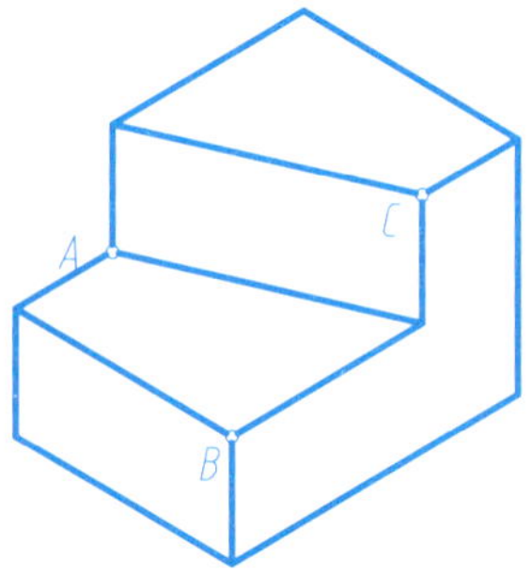

22.看懂立体图，找出相应的投影图，标出号码，并画出第三视图。

（1）　　　　（2）　　　　（3）　　　　（4）　　　　（5）　　　　（6）

23. 根据立体图，补全投影图中的投影线。

（1）

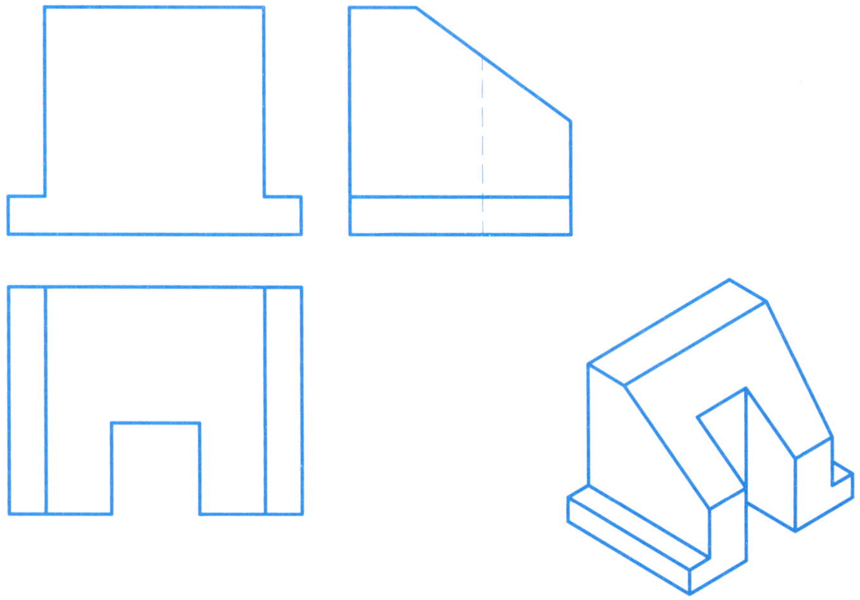

（2）

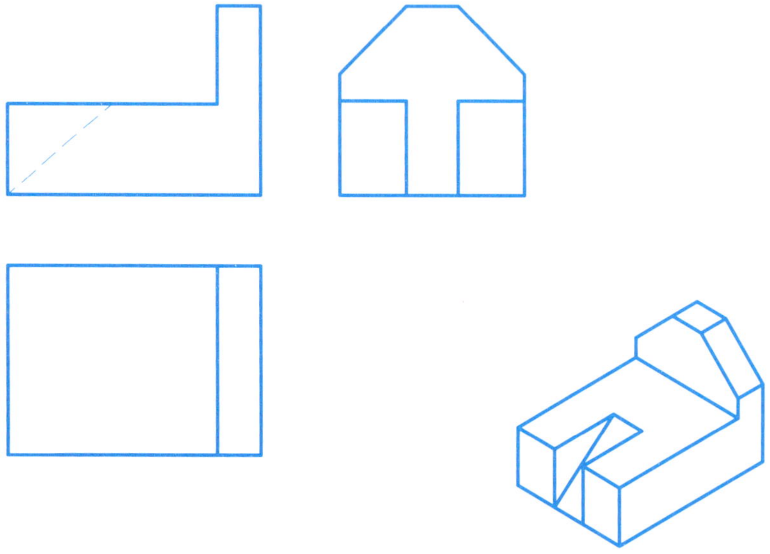

（3）

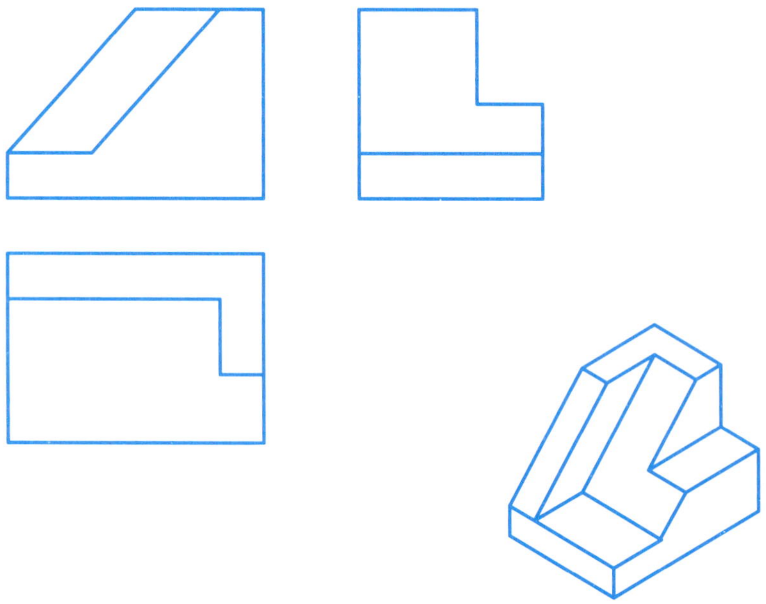

（4）

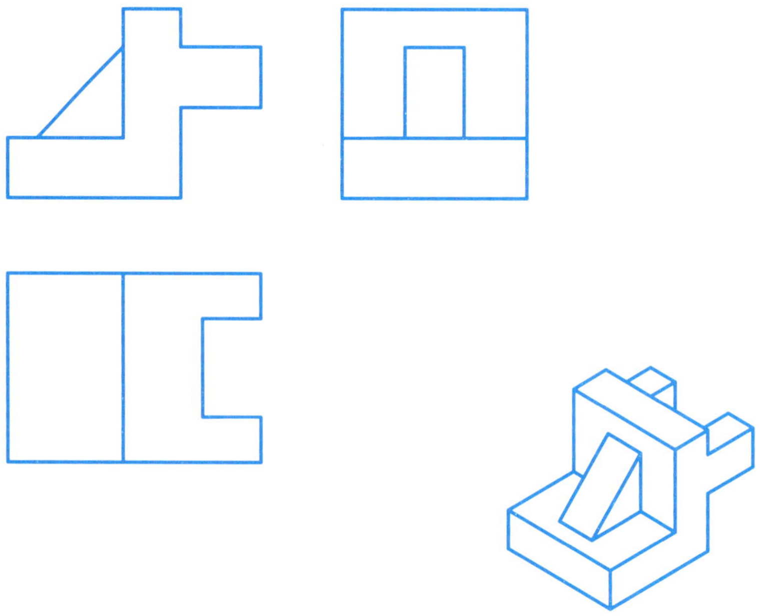

24. 根据两视图，求作第三视图。

（1）

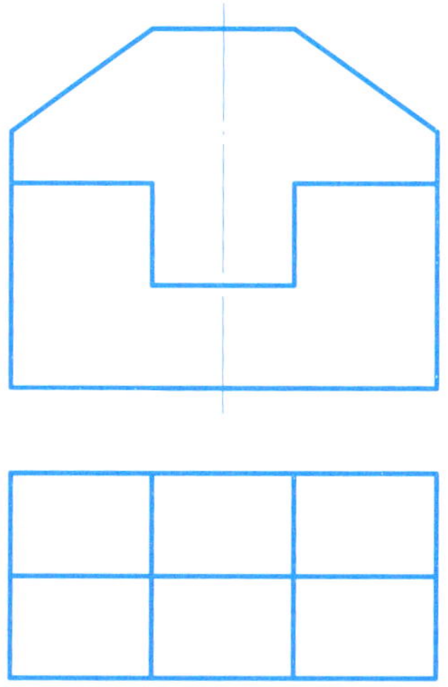

（2）

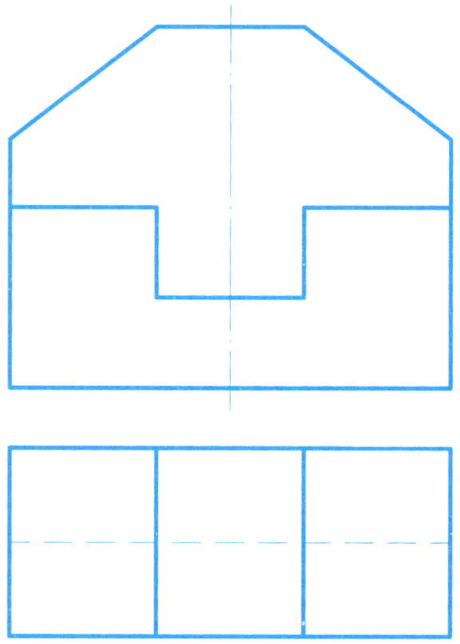

25. 根据两视图，求作第三视图。

（1）

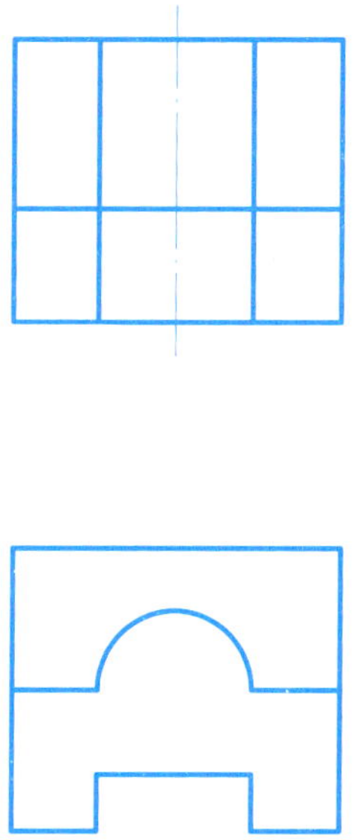

（2）

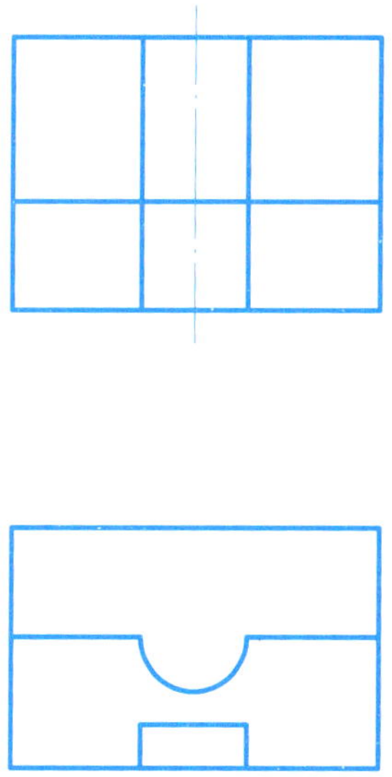

26. 根据两视图，求作第三视图。

（1）

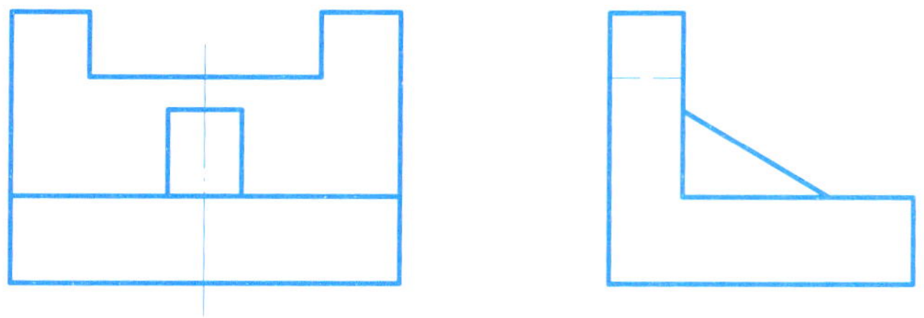

（2）

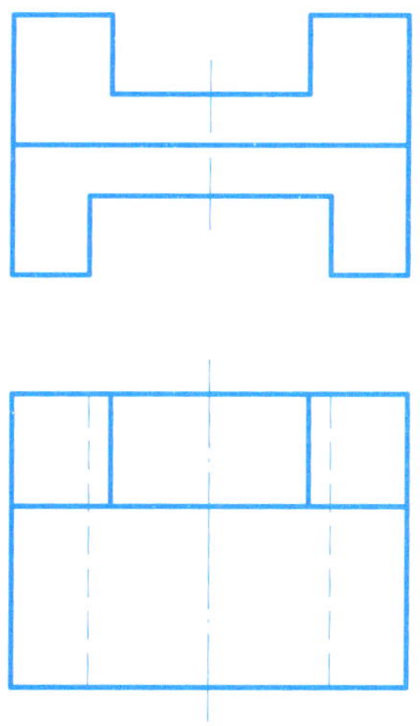

1. 作物体的正等轴测图。（尺寸数值从图上按1：1量取）

2. 作物体的正等轴测图。（尺寸数值从图上按1：1量取）

3. 作物体的正等轴测图。（尺寸数值从图上按1：1量取）

4. 以仰视的视角作物体的正等轴测图。（尺寸数值从图上按1：1量取）

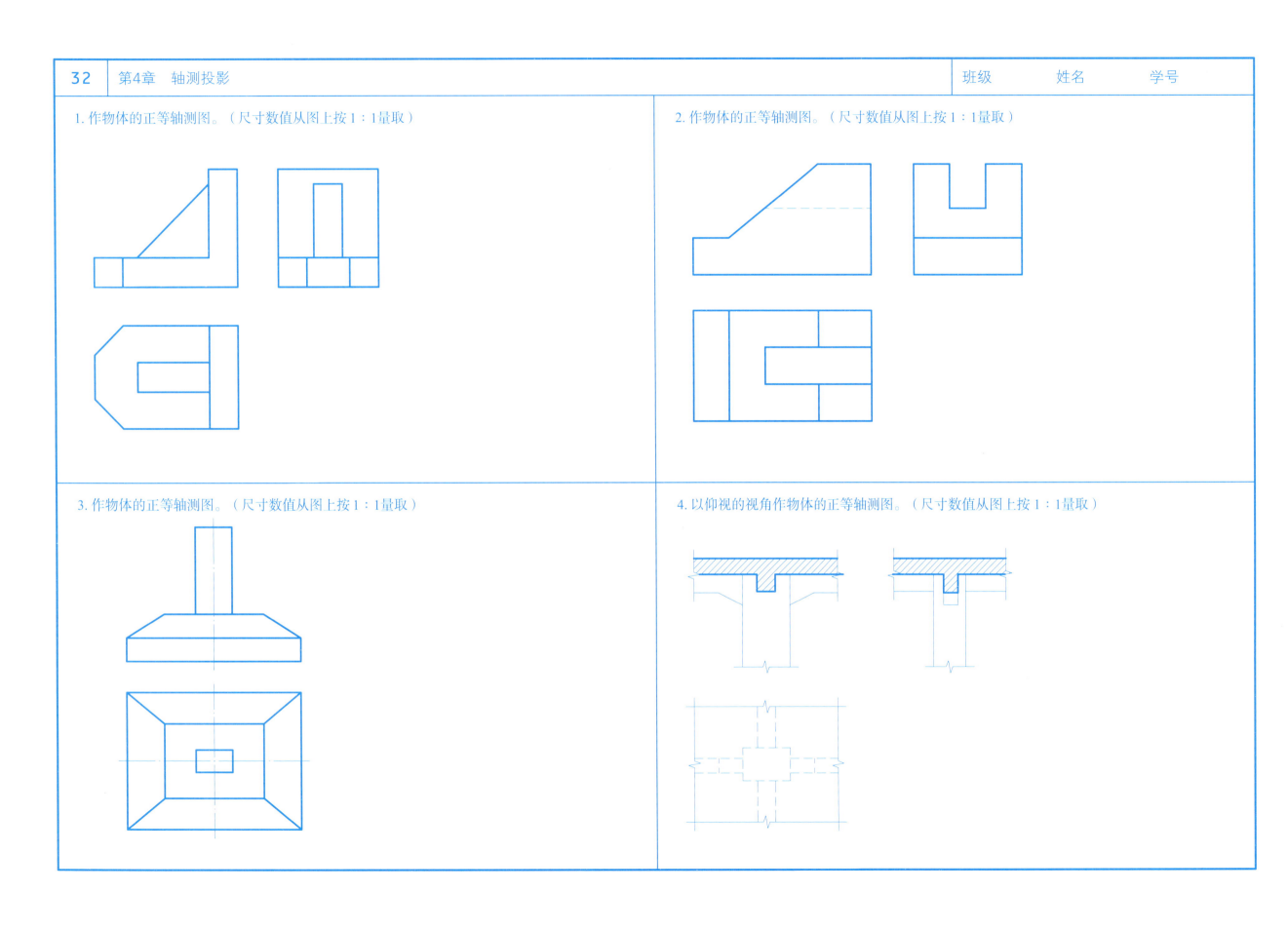

5. 根据已知物体的三视图画出1—1、2—2剖面图，并画出物体的正等轴测图。

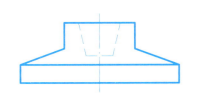

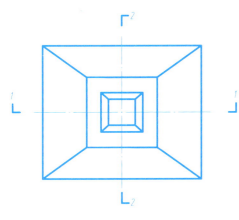

6. 根据已知物体的三视图，画出物体的斜二等轴测图。

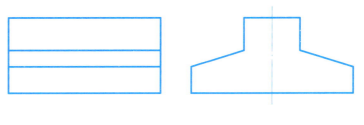

7. 补画出物体的第三面投影及其斜二等轴测图。

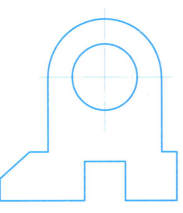

8. 补画出物体的第三面投影及其正等轴测图和斜二等轴测图。

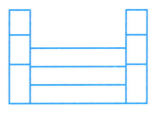

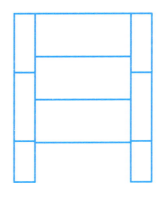

9.作出下列物体的斜二等轴测图。

（1）

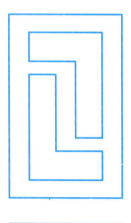

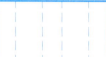

（2）

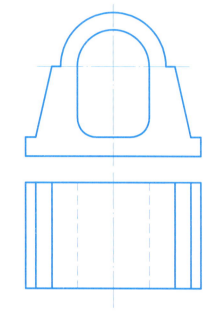

（3）

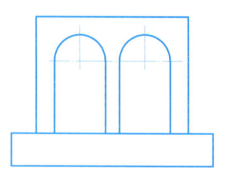

（4）

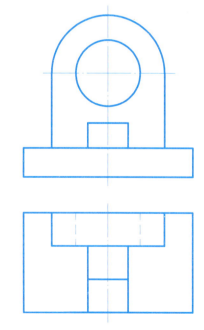

1. 将下图中的正面图改为1—1剖面图，并画出2—2剖面图。

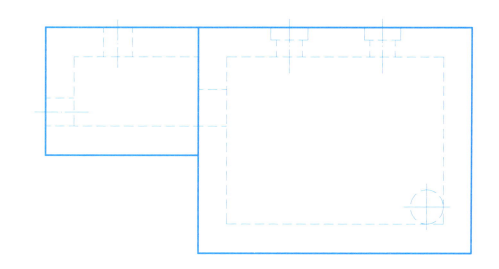

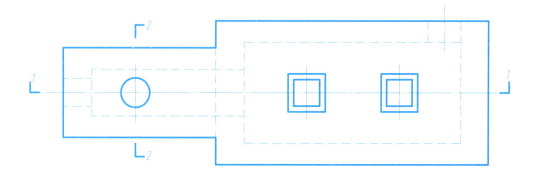

2. 补绘2—2阶梯剖面图。

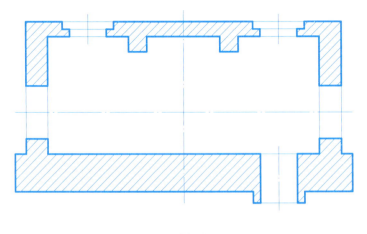

1—1剖面图

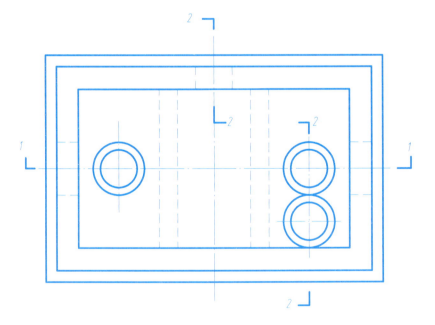

平面图

3. 作建筑形体的2—2、3—3剖面图。

4. 根据给出的视图，作出1—1、2—2剖面图。

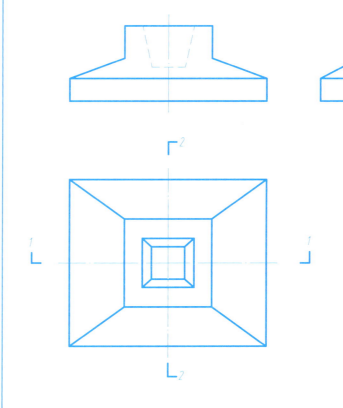

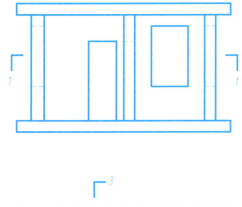

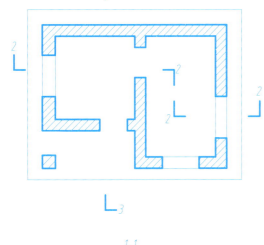

1-1

5. 补绘左侧立面图。

6. 补绘平面图，并补全正立面图。

7. 作组合体的1—1、2—2断面图。

8. 作钢筋混凝土檩条的1—1、2—2、3—3、4—4断面图。

（1）

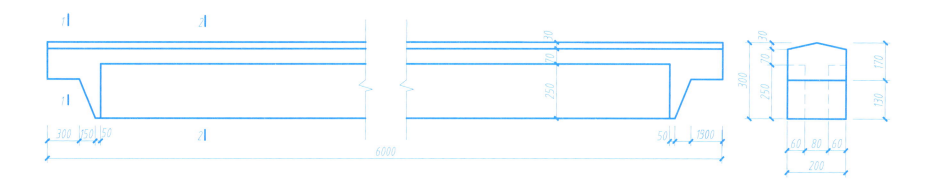

（2）

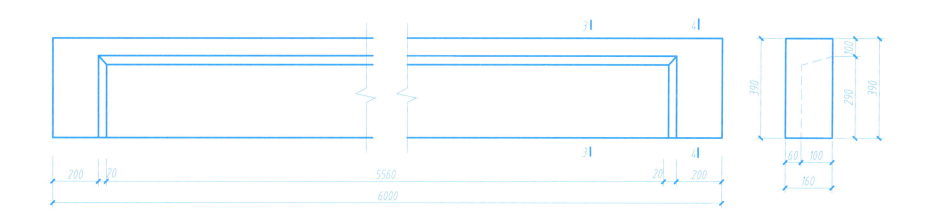

1. 一套完整的施工图由各种不同专业内容和作用的图样组成，一般包括图纸目录、_____、_____、_____、_____和_____。

2. 建筑施工图简称"建施"，一般包括_____、平面图、立面图、_____和_____。

3. 能表达建筑物的平面形状、房间的内部分隔以及水平与竖向交通等主要内容的建筑施工图是_____。

4. 某四层建筑物，一层入口处设有雨蓬，雨蓬的投影应绘制在_____。

5. 定位轴线是设计和施工定位、放线的重要依据。定位轴线采用_____线表示。在线的端部画直径为 8 mm ~ 10 mm 的细实线圆圈，圆心应在定位轴线的延长线或延长线的折线上，圆内注写定位轴线编号。在平面图上的横向编号采用_____，_____顺序编写，竖向编号采用_____，_____顺序编写。

6. 如下图所示，标注轴线时其中未编号的一根轴线的编号应为_____。

7. 标高有绝对标高和相对标高两种，绝对标高是指_____；相对标高是指_____。

8. 画出下面要求的索引和详图符号：
   （1）画详图在本页、编号为"3"的索引符号：_____；
   （2）画详图在第五张图纸、编号为"4"号的的索引符号：_____；
   （3）画索引符号在第二张图纸、编号为"1"号的的详图符号：_____；
   （4）画索引符号在第本张图纸、编号为"2"号的的索引符号：_____。

9. 在某一张建施图中，有详图符号 $\frac{2}{8}$，则被索引的图纸编号为_____，详图的编号为_____。

10. 建筑总平面图中的尺寸标注以_____为单位；平面图中的尺寸标注除标高外，均以_____为单位。总平面图中的标高应标注_____标高，并且需要标出首层室内地面即相对标高的零点相当于绝对标高的数值。建筑总平面图中，室外设计地面的标高应标注_____标高。

11. 建筑平面图实际上是房屋的_____（屋顶平面图除外）。建筑平面图是假想用水平剖切平面在略高于建筑物的_____将房屋剖开，将剖切平面以下的部分向水平面投影而得到的水平剖面图。一般情况下，多层建筑应分别画出_____的平面图，当建筑的中间层的布局及尺寸完全相同时，可用一个平面表达，称为_____。屋顶平面图是将建筑的屋顶直接作水平投影得到的。

12. 建筑平面图中应标注的尺寸有四类：外部尺寸、_____、_____和_____。标注在建筑平面图轮廓以外的尺寸叫外部尺寸。通常外部尺寸共三道，由内至外，第一道尺寸主要表示外墙门、窗洞的_____尺寸；第二道尺寸主要表示墙柱中心线的尺寸，即_____尺寸；第三道主要表示建筑物两端外墙面之间的总长、总宽尺寸，称为_____。

13. 从房屋大门进入房物内部的深度，习惯上称为_____，与进深垂直方向的轴线间距离称为_____。

14. 有定位轴线的建筑物，宜根据_____编注立面图名称，如①—⑤立面图、Ⓐ—Ⓓ立面图等；无定位轴线的建筑物可按_____命名，如南立面图、东立面图等。如某建筑物纵向定位轴线为①—⑦，横向定位轴线为Ⓐ—Ⓕ，则该建筑物右侧立面图可表达为_____。

15. 剖面图是假想用平行于某一墙面的平面剖切房屋所得的_____剖面图。它是表示建筑物内部构造、分层情况、各层之间的联系及高度等的工程图样。剖面图可以是单一剖面图也可以是_____。剖切符号标注在_____平面图中。

16. 楼梯详图包括_____、_____和更大比例的详图。这些图组合起来将楼梯的类型、结构形式、材料、尺寸及装修做法表达清楚，以满足楼梯施工放样的需要。

17. 写出下列常用图例的名称。

_____　　_____　　_____　　_____

18. 在建筑施工图中，符号"▽"表示_____。

19. 根据本习题集建筑施工图的总平面图，新建教学楼 ±0.000 的绝对标高是_____m。

20. 读本习题集建筑施工图，二层的层高是_____m、C4 的宽度是_____m，高度是_____m。

21. 读本习题集建筑施工图，教学楼五层平面图中，楼层的主要标高是_____m，楼梯间的开间是_____m，进深是_____m。

22. 根据建筑立面图，说明下列外墙材料分别代表什么材料？

23. 根据下面的总平面图，把各建筑物的层数和地面标高等填入表格中，并填写总平面图常用的几种图例。

名 称	层 数	名 称	标 高
厨 房		饭厅室内地坪	
饭 厅		车间室外地坪	
浴 室		道 路	
宿 舍			

图 例	名 称	备 注	图 例	名 称	备 注
		线型为粗线型			用粗虚线表示
					用中虚线表示

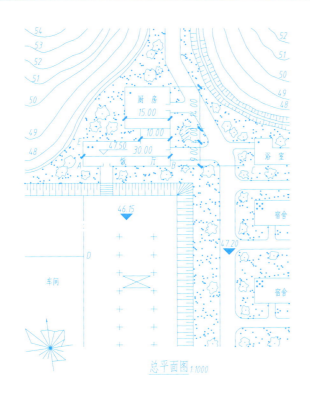

总平面图 1:1000

24. 根据建筑施工图、楼梯1、楼梯2二~五层放大平面图，设粗实线的宽度为b，把下面楼梯平面图中各种图线的相对宽度（如0.5b、0.25b）注写在括号中。

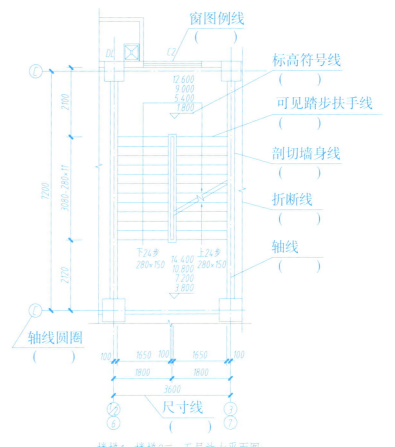

窗图例线（ ）
标高符号线（ ）
可见踏步扶手线（ ）
剖切墙身线（ ）
折断线（ ）
轴线（ ）
轴线圆圈（ ）
尺寸线（ ）

楼梯1、楼梯2二~五层放大平面图 1:50

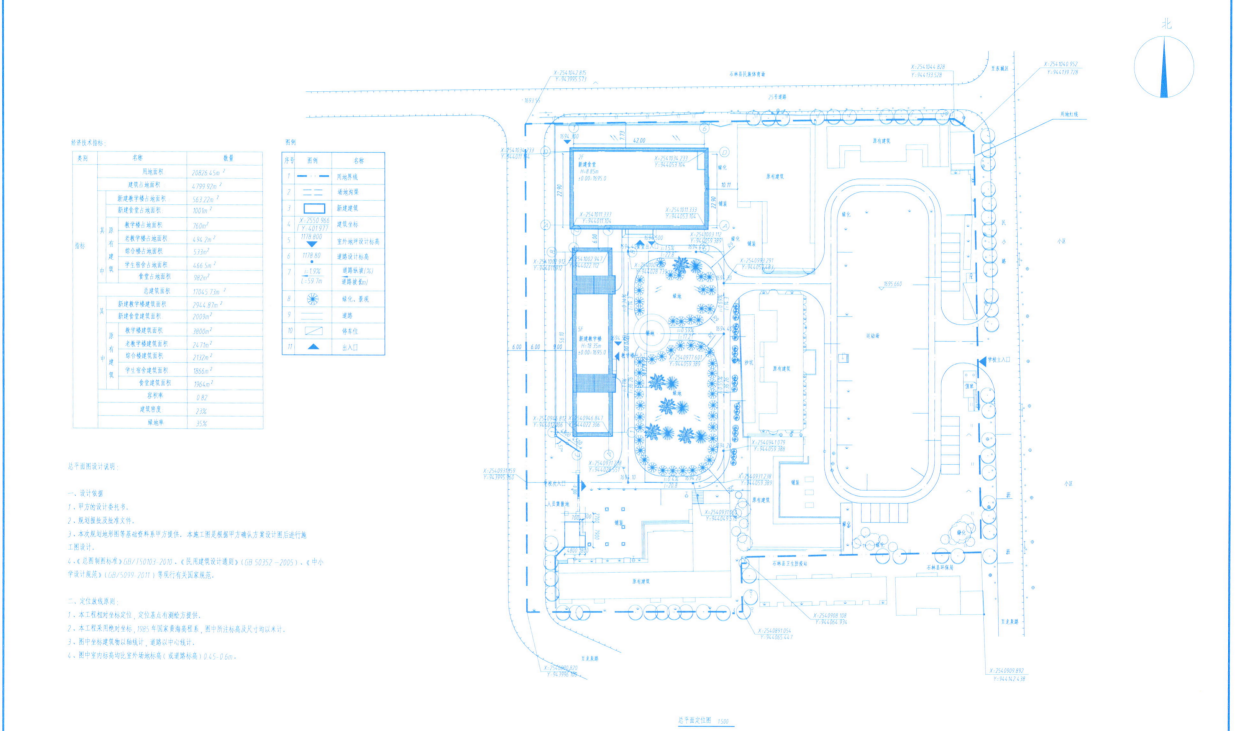

总平面定位图 1:500

经济技术指标：

类别		名称	数量
指标		用地面积	20826.45m²
		建筑占地面积	4799.92m²
	其中 原有建筑	新建教学楼占地面积	563.22m²
		新建食堂占地面积	1001m²
		教学楼占地面积	760m²
		老教学楼占地面积	494.2m²
		综合楼占地面积	533m²
		学生宿舍占地面积	466.5m²
		食堂占地面积	982m²
		总建筑面积	17045.73m²
	其中 原有建筑	新建教学楼建筑面积	2944.87m²
		新建食堂建筑面积	2009m²
		教学楼建筑面积	3800m²
		老教学楼建筑面积	2471m²
		综合楼建筑面积	2132m²
		学生宿舍建筑面积	1866m²
		食堂建筑面积	1964m²
		容积率	0.82
		建筑密度	23%
		绿地率	35%

图例：

序号	图例	名称
1	— ·· —	用地界线
2	= =	绿地房界
3	▭	新建建筑
4	X:2550.966 Y:401.977	建筑坐标
5	1117.800	室外地坪设计标高
6	1178.80	道路设计标高
7	i=1.9% L=59.7m	道路纵坡(%) 道路坡长(m)
8	✳	绿化.景观
9		道路
10	▱	停车位
11	▲	出入口

总平面图设计说明：

一、设计依据

1、甲方的设计委托书。

2、规划报批及批准文件。

3、本次规划地形图等基础资料系甲方提供。本施工图是根据甲方确认方案设计图后进行施工图设计。

4、《总图制图标准》GB/150103-2010、《民用建筑设计通则》(GB 50352-2005)、《中小学设计规范》(GB/5099-2011)等现行有关国家规范。

二、定位放线原则：

1、本工程相对坐标定位，定位基点有测绘方提供。

2、本工程采用绝对坐标，1985年国家黄海高程系，图中所注标高及尺寸均以米计。

3、图中坐标建筑物以轴线计，道路以中心线计。

4、图中室内标高均比室外硬地标高(或道路标高)0.45-0.6m。

建筑设计说明

一、设计依据:

1. 现行的国家有关建筑设计规范、规程和规定。

二、工程概况: 结构类型: 框架结构　　　　建筑层数: 地上5层

建筑设计合理使用年限: 50年　　　　总建筑面积: 2944.87m²

建筑高度: 18.35 m　　　　设计标高±0.000=1695.0

三、分部工程施工要求

1. 地上部分:

　　a.外墙: 外墙为190×190空心砖。M7.5无机保温砂浆砌筑。

　　b.内墙: 除钢筋混凝土墙外, 墙体为190×190空心砖。M5砂浆砌筑详结施。

　　c.室内管道井采用120厚空心砖砌块墙体, 管井检修口根据管道实际安装后留出。

2. 凡不同材料墙体交接处以及墙体中嵌有设备箱、柜等同墙体等宽时, 粉刷前在交接处及箱体背面加铺钉一层
　　纺织钢丝网, 钢丝网宽600采用8×8 mm钢丝网, 周边宽出300以保证粉刷质量。

4. 凡墙、柱边门垛尺寸<100时, 素混凝土与墙、柱整体浇注, 构造配筋详结施。

6. 临用水房间墙体内侧需粉防水砂浆。1.2防水砂浆(掺占水泥重量3%的防水剂)

9. 防潮层: 在室内地坪下60处铺设1.2防水砂浆20厚(掺占水泥重量3%的防水剂, 室内地坪有高差时在高侧做
　　竖向防潮。在此标高处为钢筋混凝土构造时可不做。

建筑施工图图纸目录

序号	图纸编号	图纸名称		
1	1/9	图纸目录　建筑设计说明　门窗表　门窗大样图		
2	2/9	一层平面图　　　　二层平面图		
3	3/9	三、四层平面图　　　五层平面图		
4	4/9	出屋面楼梯间图　　　屋顶平面图		
5	5/9	①-⑧立面图		
6	6/9	⑧-①立面图		
7	7/9	Ⓐ-Ⓓ立面图　　　剖面图		
8	8/8	楼梯放大图　　图例表　大样图		

门窗表

| 类别 | 编号 | 名称 | 洞口尺寸 | | 数量 | | | | | | | 备注 |
			宽	高	立樘高度	一层	二层	三层	四层	五层	出屋面层	合计	
窗	C1	铝合金推拉窗	1800	2000	300	18						18	详门窗大样图
	C2	铝合金推拉窗	1200	2000	300	2						2	详门窗大样图
	C3	铝合金推拉窗	1800	1700	300		24	10				34	详门窗大样图
	C4	铝合金推拉窗	1200	1700	300		2	2				4	详门窗大样图
	C5	铝合金推拉窗	1200	1700	300		2	2				4	详门窗大样图
门	M1	钢制复合门	900	2900	0		7	7	3			17	详门窗大样图
	M2	木质门	900	2100	0		2	3				5	成品
	M3	铝合金平开门	800	2100	0		2	2				4	详门窗大样图
	M4	木质门	1200	2100	0		7	7	3			17	成品
	FM乙1	钢制乙级防火门	1000	2100	0			3				5	成品

附注:

1. 所有门窗尺寸均为洞口尺寸, 制作时应扣除公差。
2. 所有有门槛的门洞口尺寸均已扣除门槛高度, 留洞时请仔细核对。
3. 所有外窗及玻璃门均选用5来5LOW-E双层中空玻璃
5. 所有外墙开启窗均加设玻璃纱窗。
6. 所有窗立樘高度小于900均设置户窗栏杆, 高度不小于1050。

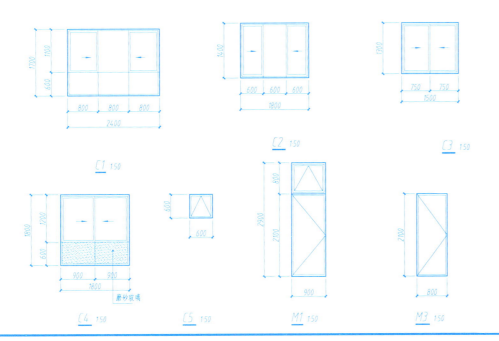

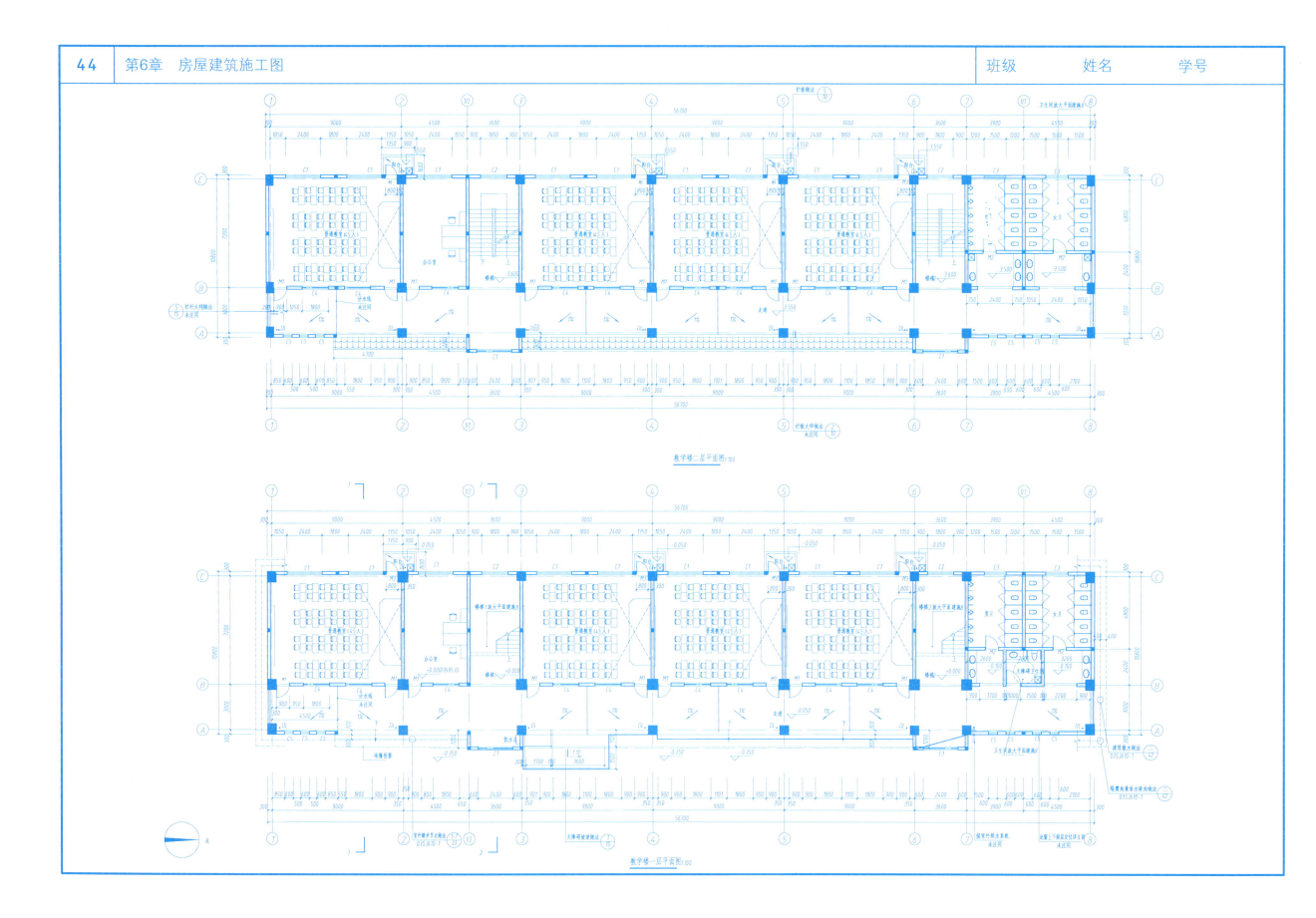

教学楼二层平面图 1:100

教学楼一层平面图 1:100

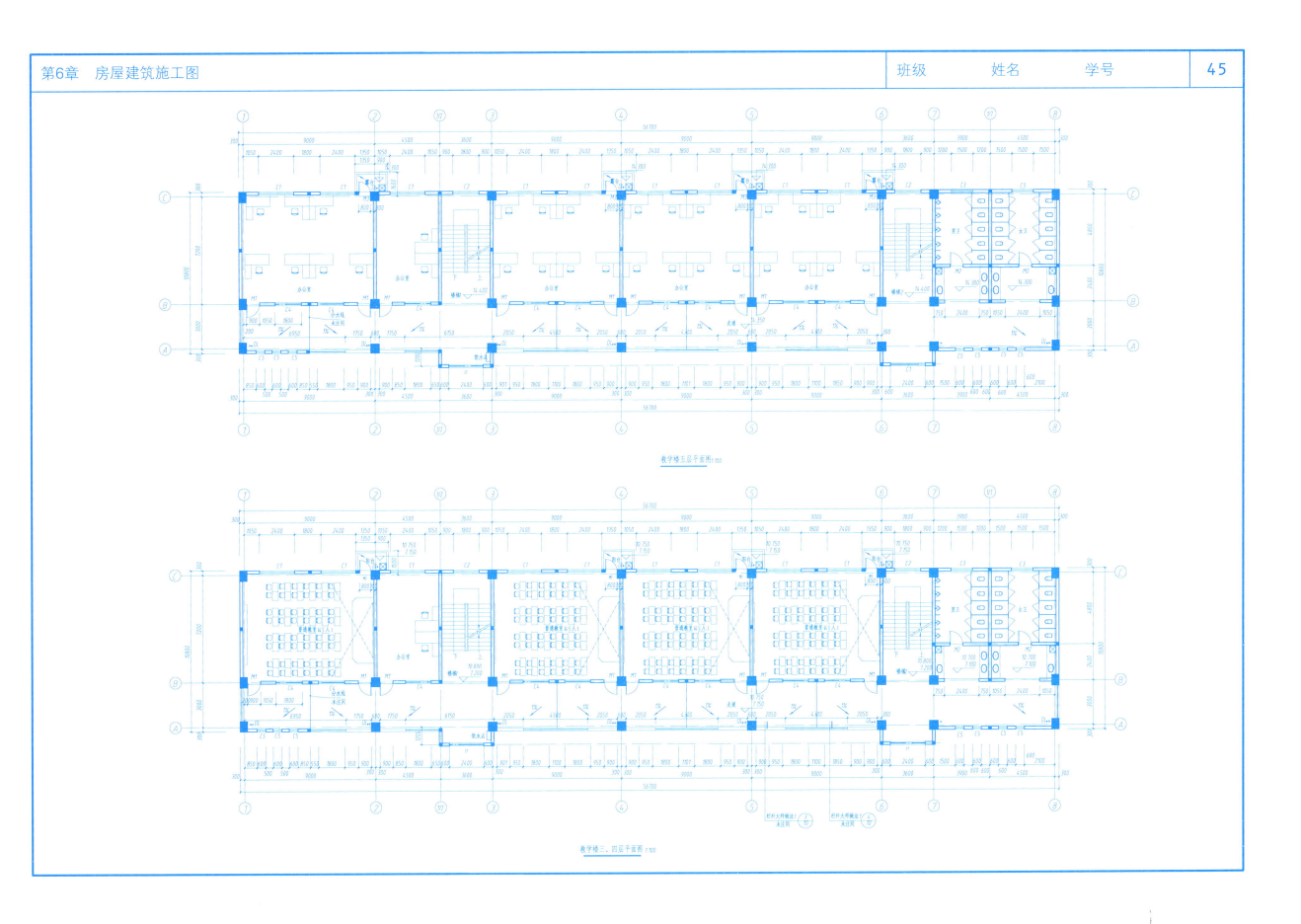

教学楼五层平面图1:100

教学楼三、四层平面图 1:100

教学楼屋顶平面图 1:100

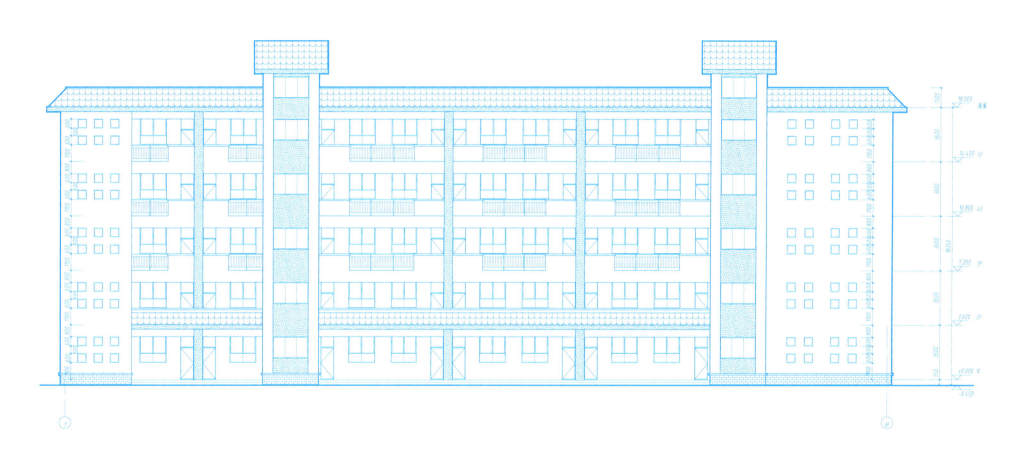

教学楼①～⑧立面图 1:100

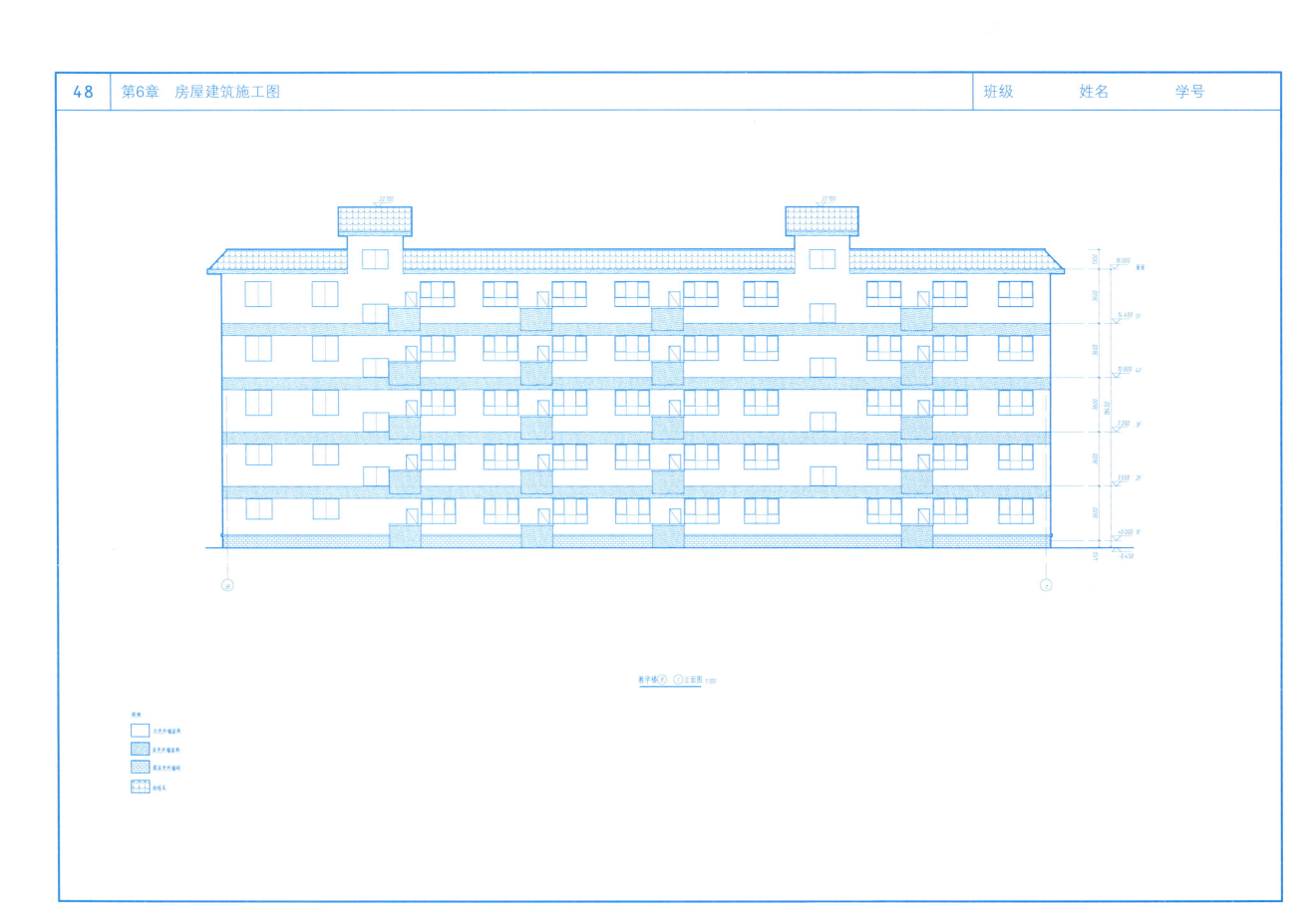

教学楼⑧·①立面图 1:100

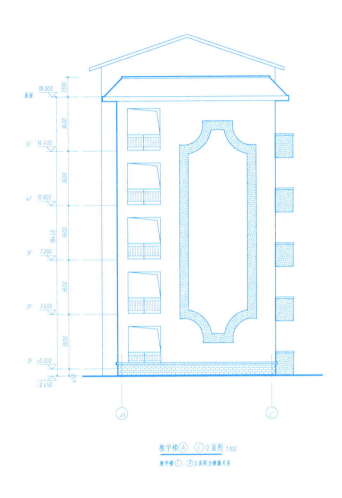

教学楼Ⓐ~Ⓒ立面图 1:100

教学楼①~⑤立面图为镜像关系

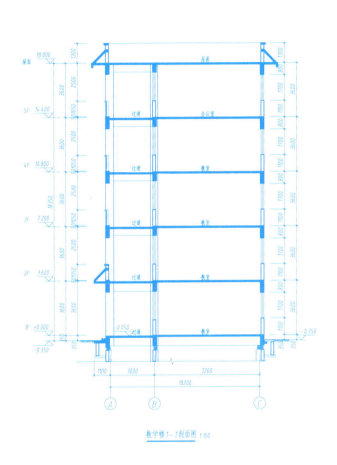

教学楼1—1剖面图 1:100

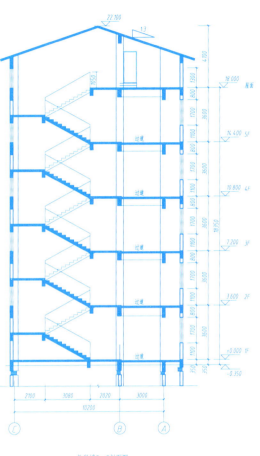

教学楼2—2剖面图 1:100

图例

□ 白色外墙涂料

▨ 灰色外墙涂料

▨ 蓝灰色外墙砖

▨ 灰色瓦

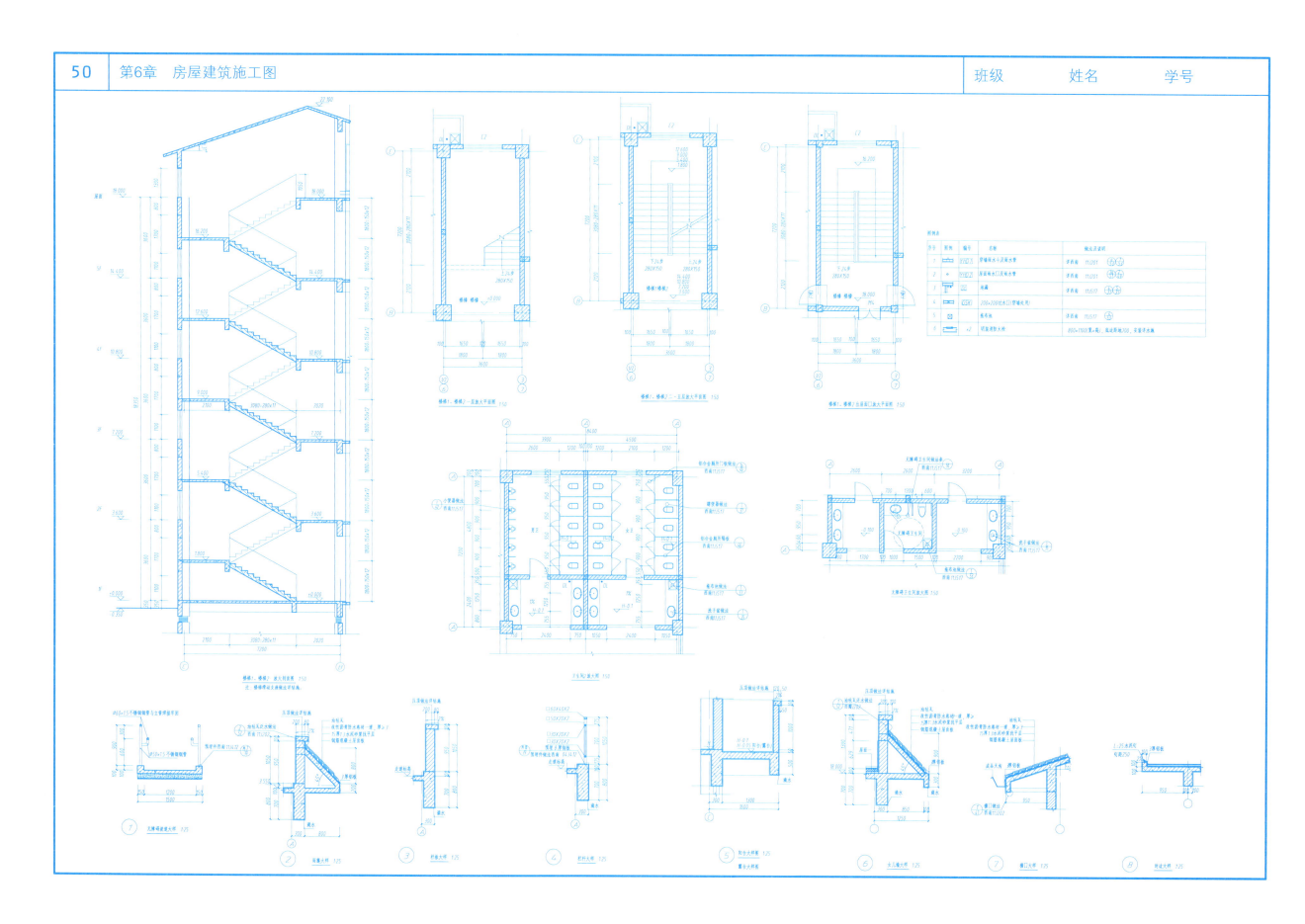

1. 结构施工图是为了满足房屋建筑的_____的要求，对组成房屋的_____构件，如基础、柱、梁、板等，依据力学原理和有关设计规范、规程进行计算，从而确定形状、尺寸以及内部构造等，并将结果绘制成图样。

2. 结构施工图主要包括三部分内容：_____、_____和_____。

3. 结构布置图是表示房屋结构中各种承重构件包括_____构件整体布置的图样。按构造又可分为_____、_____、_____等，主要表示各构件的位置、数量、型号及相互联系等。

4. 在结构施工图中，图样上的各类构件均有统一规定的代号，构件代号KZ表示_____，构件代号KL表示_____；构件"板"用代号____表示，构件"基础"用代号____表示。预应力钢筋混凝土构件代号，应在构件代号前加注"____"。

5. 配置在钢筋混凝土构件中的钢筋，按其作用可以分为_____、_____、_____、_____和_____。

6. 梁平法表示各构件尺寸和配筋的方式，分为_____、_____和_____三种方式，柱平法施工图的表示方式有_____和_____方式。

7. 平面注写包括集中标注和原位标注，_____表达梁的通用数值，_____表达特殊数值。

8. 采用平面注写方式时，梁集中标注的内容有4项必注值和1项选注值，集中标注可注写在梁的任意一跨。标注的内容包括_____、_____、_____、_____以及_____等。

9. 请分别解释下面的钢筋的尺寸标注的含义：
（1）3φ16：_____；
（2）φ16@200：_____。

10. 在梁平法表示的集中标注中，如注写中出现"2φ20；2φ25＋2φ20"表示的含义是：_____。

11. 梁支座的上部钢筋注写为"6φ25 4/2"代表的含义是：_____。

12. 在梁的平法表示的集中标注中，如注写中出现"φ8@100/200（2）"代表的含义是：_____。

13. 结构施工图3.600 m梁平法施工图中，找到如下部分的图形，根据图纸信息画出KL9在1—1、2—2、3—3和4—4的断面配筋图。

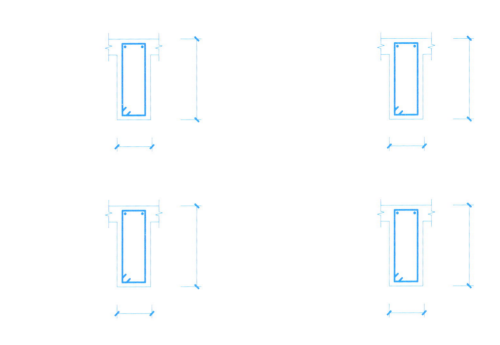

14. 结构施工图柱配筋表二，根据KZ6在0.000－3.600标高处及KZ10在0.000－18.000标高处表格中的数据，补全KZ6、KZ10的柱截面注写方式。

柱号	标　高	$b×h(b_i×h_i)$（圆柱直径D）	角筋	b边一侧中部筋	h边一侧中部筋	箍筋类型号	箍　筋
KZ-6	0.000~3.600	700×700	4φ22	1φ22+2φ20	1φ22+2φ20	1.(5×5)	φ10@100/200
	3.600~18.000	600×600	4φ22	2φ20	2φ20	1.(4×4)	φ10@100/200
KZ-10	0.000~18.000	600×600	4φ22	2φ20	2φ20	1.(4×4)	φ12@100

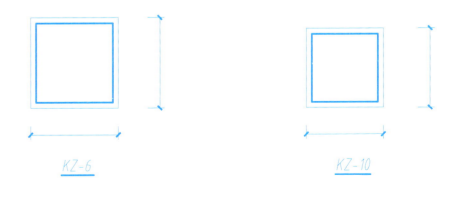

KZ-6　　　　　　　KZ-10

结 构 设 计 总 说 明

一、设计说明

1. 本工程采用的国家规范、规程及标准
《工程结构可靠性设计统一标准》《建筑工程抗震设防分类标准》
《建筑结构荷载规范》《建筑地基基础设计规范》
《混凝土结构设计规范》《建筑抗震设计规范》

2. 基本风压：0.3kN/m²，地面粗糙度类别为B类。
3. 基本雪压：0.3kN/m²。
4. 活荷载标准值取值如下（单位：kN/m²）：
不上人屋面：0.5，上人屋面2，教室2.5，卫生间3.5，走廊3.5。

二、工程概况

1. 本工程为地上五层现浇钢筋混凝土结构，框架结构体系。
2. 本工程结构安全等级为二级，设计使用年限为50年。
3. 本工程建筑抗震设防分类为乙类，抗震设防烈度为8度，设计基本地震加速度为0.2g，设计地震分组为第二组，水平地震影响系数最大值αmax为0.16（多遇地震），0.90（罕遇地震），特征周期Tg为0.40s。本工程采用隔震技术，上部结构水平地震影响系数最大值为0.08进行设计，特征周期Tg为0.40s。

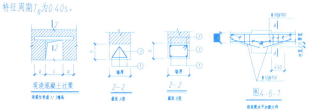

现浇混凝土过梁　　2-2　　2-2　　图4-6-1

4. 抗震等级：

抗震等级一览表

框架柱	框架梁	
二级(隔震后)	二级(隔震后)	

其余未注的结构构件抗震等级均为二级。

5. 本工程拟建建地的场地类别为Ⅱ类。

三、材料性能指标

1. 混凝土强度等级：

圈梁、过梁、构造柱	柱、梁、板	隔震层柱	隔震层梁、板	备注
C20	C35	C30	C35	C30	屋面采用纤维补偿收缩混凝土，纤维掺入量0.9kg/m²外掺剂按厂家要求添加。

2. 钢筋等级：Φ-HPB300、Φ-HRB400级钢。框架(连梁)中纵向钢筋的抗拉强度实测值与屈服强度实测值的比值不应小于1.25，且屈服强度实测值与强度标准值的比值不应大于1.30，且钢筋在最大拉力下的总伸长率实测值不应小于9%。
3. 焊条：HPB300级钢用E43；HRB335、HRB400级钢用E50。
4. 填充墙：免烧页岩空心砖，容重≤11KN/m²，墙体厚度为190mm，填充墙具体范围详建施图。用水房间和±0.000以下用M7.5水泥砂浆及页岩实心砖砌筑，其他均用M7.5混合砂浆砌筑。

四、钢筋混凝土构造

1. 耐久性的基本要求严格按《混凝土结构设计规范》的相关规定及下表执行。
2. 各层平面中屋面板在板面无负筋区域设置抗裂钢筋，如图3-1所示。

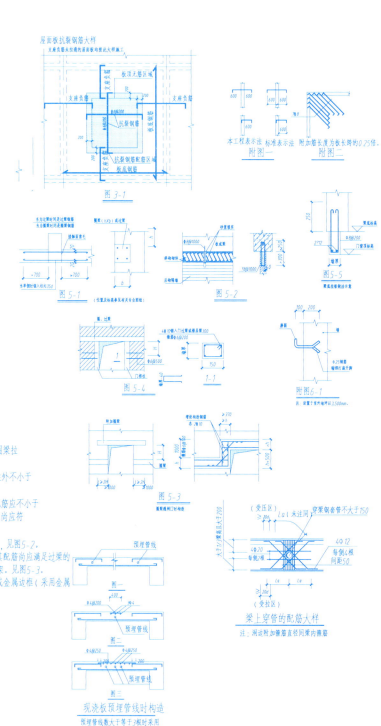

图3-1

五、砌体与混凝土柱的连接及圈梁、过梁、构造柱的要求：

5.1 与后砌隔墙连接的钢筋混凝土柱，应配合建筑的墙体位置，按墙的构造要求预留窗台板、过梁、圈梁拉接筋外，应沿混凝土柱每隔600mm设置2φ6箍筋，锚入墙柱内不小于200mm，墙内通长设置。
5.2 与圈、过梁连接的钢筋混凝土柱，应于圈梁纵向钢筋处预埋插筋，锚入柱、墙内不小于35d，伸出柱外不小于700mm，并与圈、过梁钢筋搭接，如图5-1所示。
5.3 所有隔墙，当墙高大于3.6米时，应于门洞顶或墙中部设置圈梁一道。在墙顶处的圈梁，圈梁截面及配筋应不小于与洞口相应的过梁；圈梁宽度同墙厚，圈梁高120mm，配筋为4φ10、φ6@200，除设置圈梁外，隔墙砌筑尚应符合相应的标准图集的要求。
5.4 后砌隔墙顶部应与楼、屋盖混凝土构件拉结：梁板应预留插筋，并随砌墙时用不低于M5砂浆分层填实，见图5-2。
5.5 当圈梁被门洞切断时，应在洞顶设置一道不小于被切断的圈梁断面和配筋的钢筋混凝土附加圈梁，其配筋尚应满足过梁的要求，其搭接长度不应小于1000mm，当两圈梁高差≤500mm时，圈梁可沿洞口垂直拐弯与过梁连接框架，见图5-3。
5.6 门、窗框要求：轻质墙体门窗洞口边除施工图中注明外应按有关标准个图集规定要求设钢筋混凝土或金属边框（采用金属时应与建筑专业协调）。当采用钢筋混凝土门框时，其混凝土强度等级为C20，见图5-4构造。
5.7 窗框过梁或砌体上门窗洞口应设置钢筋混凝土过梁（见表10-1）。当洞口上方有承重梁通过，且该梁底标高与门窗洞顶距离取最过近，放不下过梁时，可直接在梁下挂板，见图5-5。
5.8 构造柱按结构平面图设置

六、其它：

1. 本工程板配筋表示法详附图一。
2. 所有混凝土屋面的四大角加设7φ8放射筋，设置在板厚的中部，详附图二。

图5-1　图5-2　图5-3　图5-4　图5-5

屋面板抗裂钢筋大样

本工程表示法　标准表示法　附加筋长度为板长跨的0.25倍。
附图一　附图二

梁上穿管的配筋大样
注：洞边附加箍筋直径同梁内箍筋

现浇板预埋管线时构造
预埋管管线数大于等于2根时采用

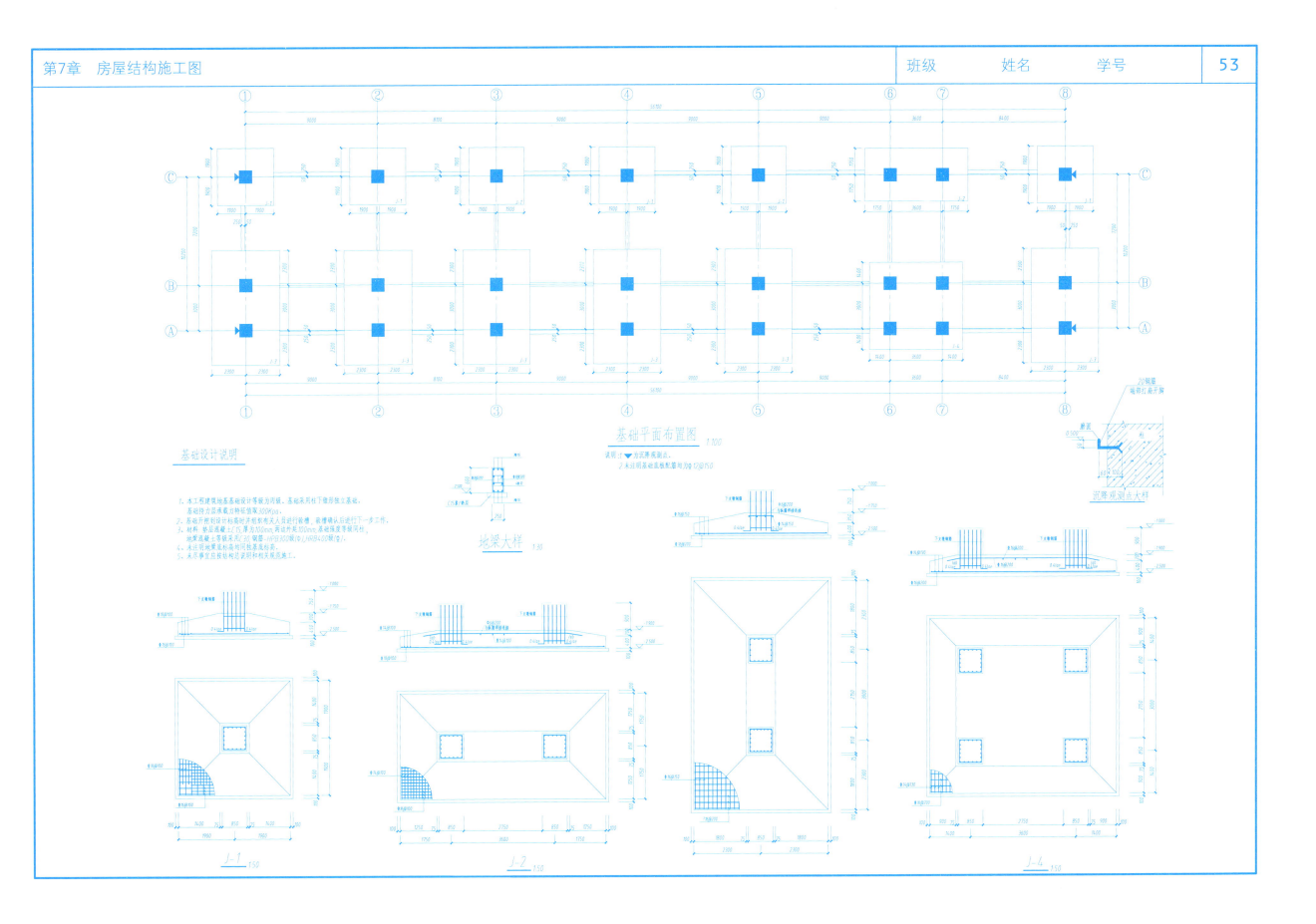

基础平面布置图 1:100

基础设计说明

地梁大样 1:30

沉降观测点大样

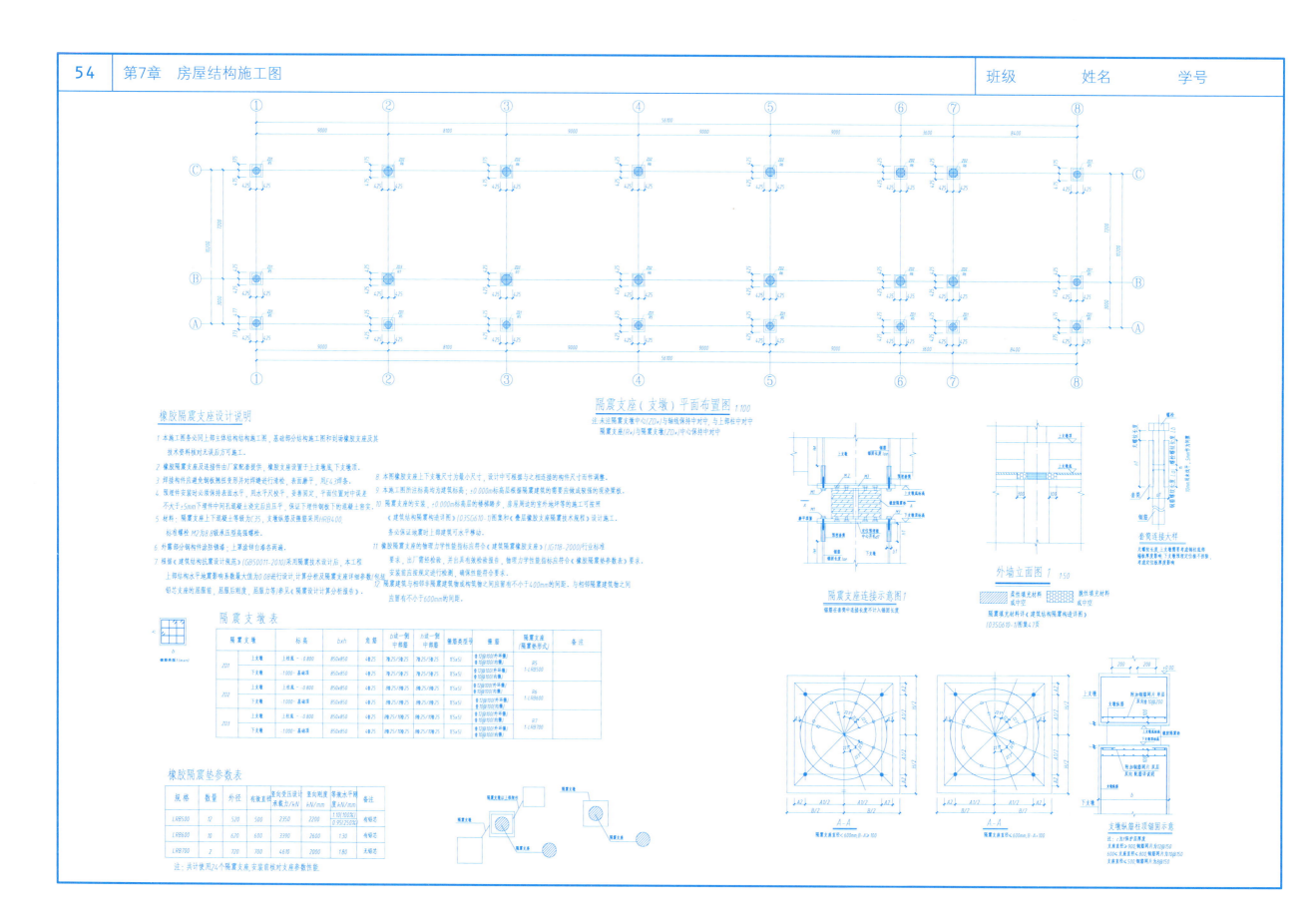

隔震支座（支墩）平面布置图 1:100
注：未注隔震支墩中心(IZDx)与轴线保持中对中，与上部柱中对中
隔震支座(Rx)与隔震支墩(IZDx)中心保持中对中

橡胶隔震支座设计说明

1. 本施工图务必同上部主体结构施工图、基础部分结构施工图和剖装橡胶支座及其
   技术资料核对无误后方可施工。
2. 橡胶隔震支座及连接件由厂家配套提供，橡胶支座设置于上支墩底下支墩顶。
3. 焊接构件应避免钢板焊接变形并对焊缝进行清检，表面磨平，用E43焊条。
4. 隔震件安装时必须保持表面水平，用水平尺校平，变高固定，平面位置对中误差
   不大于±5mm下埋件中间孔混凝土浇完后应压平，保证下埋件钢板下的混凝土密实。
5. 材料：隔震支座上下混凝土等级为C35，支墩纵筋及箍筋采用HRB400.
   标准螺栓 M2为8.8级承压型高强螺栓。
6. 外露部分钢构件涂防锈漆：上草涂锌白漆各两遍。
7. 根据《建筑抗震设计规范》(GB50011-2010)采用隔震技术设计后，本工程
   上部结构水平地震影响系数最大值为0.08进行设计，计算分析及隔震支座详细参数(包括
   铝芯支座的屈服前，屈服后刚度，屈服力)参见《隔震设计计算分析报告》。

8. 本图橡胶支座上下支墩尺寸为量小尺寸，设计中可根据与之相连接的构件尺寸而作调整。
9. 本施工图所注标高均为建筑标高；±0.000m标高层根据隔震建筑的需要应做或较隐的现浇楼板。
10. 隔震支座的安装，±0.000m标高层的建楼踏步，房屋周边的室外地坪等的施工可按照
    《建筑结构隔震构造详图》(03SG610-1)图集和《叠层橡胶支座房屋隔震技术规程》设计施工。
    务必保证地震时上部建筑可水平移动。
11. 橡胶隔震支座的物理力学性能指标应符合《建筑结构橡胶支座》(JG118-2000)行业标准
    要求，出厂需经检验，并出具有微检测报告，物理力学性能指标应符合《橡胶隔震垫参数表》要求。
    安装前应按规定进行检测，确保性能符合要求。
12. 隔震建筑与相邻非隔震建筑物或构筑物之间应留有不小于400mm的间距。与相邻隔震建筑物之间
    应留有不小于600mm的间距。

隔震支墩表

隔震支墩	标高	b×h	角筋	b边一侧中部筋	h边一侧中部筋	箍筋类型号	箍筋	隔震支座(隔震垫形式)	备注
ZD1	上柱底-0.800	850×850	4Φ25	7Φ25/5Φ25	7Φ25/5Φ25	Φ5×SJ	Φ12@100(外环筋)/Φ10@100(内环筋)	R5 1-LRB500	
	-1.000 基础顶	850×850	4Φ25	7Φ25/5Φ25	7Φ25/5Φ25	Φ5×SJ	Φ12@100(外环筋)/Φ10@100(内环筋)		
ZD2	上柱底-0.800	850×850	4Φ25	7Φ25/5Φ25	7Φ25/5Φ25	Φ5×SJ	Φ12@100(外环筋)/Φ10@100(内环筋)	R6 1-LRB600	
	-1.000 基础顶	850×850	4Φ25	7Φ25/5Φ25	7Φ25/5Φ25	Φ5×SJ	Φ12@100(外环筋)/Φ10@100(内环筋)		
ZD3	上柱底-0.800	850×850	4Φ25	7Φ25/10Φ25	7Φ25/10Φ25	Φ5×SJ	Φ12@100(外环筋)/Φ10@100(内环筋)	R7 1-LRB700	
	-1.000 基础顶	850×850	4Φ25	7Φ25/10Φ25	7Φ25/10Φ25	Φ5×SJ	Φ12@100(外环筋)/Φ10@100(内环筋)		

橡胶隔震垫参数表

规格	数量	外径	有效直径	竖向受压设计承载力/kN	竖向刚度 kN/mm	等效水平刚度 kN/mm	备注
LRB500	12	520	500	2350	2200	1.10(100%)/0.95(250%)	有铅芯
LRB600	10	620	600	3390	2600	1.30	有铅芯
LRB700	2	720	700	4610	2000	1.80	无铅芯

注：共计使用24个隔震支座，安装前核对支座参数性能。

隔震支座连接示意图1
锚筋在套筒中连接长度不计入锚固长度

外墙立面图 1:50
柔性填充材料或中空　脆性填充材料或中空
隔震填充材料详《建筑结构隔震构造》
(03SG610-1)图集第47页

套筒连接大样

A-A
隔震支座直径≤600mm，B-A≥100

A-A
隔震支座直径≤600mm，B-A≥100

支墩纵筋柱顶锚固示意

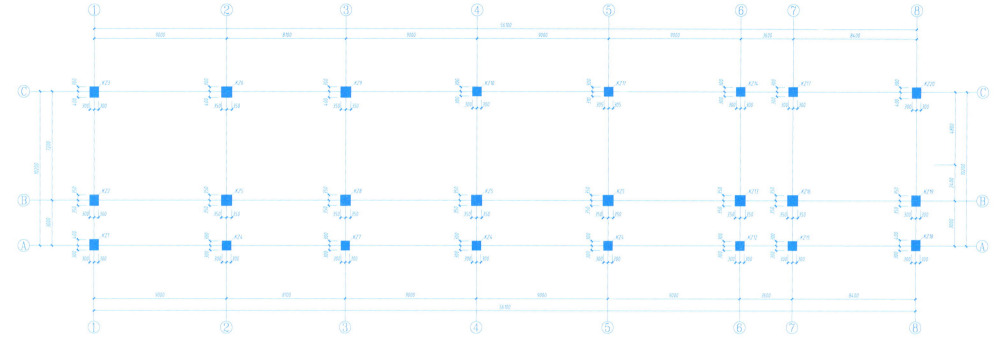

框架柱平面布置图　1:100

箍筋类型1(m×n)

柱配筋表一

柱号	标高	b×h(b×h)(圆柱直径D)	角筋	b边一侧中部筋	h边一侧中部筋	箍筋类型号	箍筋	备注
KZ-1	0.000~3.600	600×700	4⌀25	5⌀25	5⌀25+2⌀20	1(4×5)	⌀10@100	
	3.600~7.200	600×700	4⌀25	7⌀25	5⌀25+2⌀20	1(4×5)	⌀10@100	
	7.200~14.400	600×700	4⌀25	7⌀25	5⌀25+2⌀20	1(4×5)	⌀10@100	
	14.400~18.000	600×700	4⌀25	7⌀20	5⌀25	1(4×5)	⌀10@100	
KZ-2	0.000~3.600	600×700	4⌀25	5⌀25	5⌀25+2⌀20	1(4×5)	⌀10@100	
	3.600~7.200	600×700	4⌀25	7⌀25	5⌀25+2⌀20	1(4×5)	⌀10@100	
	7.200~10.800	600×700	4⌀25	7⌀25	5⌀25+2⌀20	1(4×5)	⌀10@100	
	10.800~18.000	600×700	4⌀18	7⌀18+2⌀16	4⌀18	1(4×5)	⌀10@100	
KZ-3	0.000~7.200	600×700	4⌀25	7⌀20	5⌀25+2⌀20	1(4×5)	⌀10@100	
	7.200~14.400	600×700	4⌀25	7⌀25	5⌀25+2⌀20	1(4×5)	⌀10@100	
	14.400~18.000	600×700	4⌀25	7⌀25	5⌀25+2⌀20	1(4×5)	⌀10@100	
KZ-4	0.000~18.000	600×600	4⌀25	7⌀20	7⌀20	1(4×4)	⌀10@100/200	
KZ-5	0.000~3.600	600×600	4⌀22	5⌀22+2⌀20	7⌀22+2⌀20	1(5×5)	⌀10@100/200	
	3.600~18.000	600×600	4⌀22	7⌀20	7⌀20	1(4×4)	⌀10@100/200	
KZ-6	0.000~3.600	700×700	4⌀22	5⌀22+2⌀20	7⌀22+2⌀20	1(5×5)	⌀10@100/200	
	3.600~18.000	600×600	4⌀22	7⌀20	7⌀20	1(4×4)	⌀10@100/200	
KZ-7	0.000~18.000	600×600	4⌀22	7⌀20	7⌀20	1(4×4)	⌀10@100/200	
	18.000~21.700	300×300	4⌀18	7⌀18	7⌀18	1(3×3)	⌀10@100	
KZ-8	0.000~3.600	700×700	4⌀25	5⌀22+2⌀20	7⌀22+2⌀20	1(5×5)	⌀10@100/200	
	3.600~10.800	600×600	4⌀22	7⌀20	7⌀20	1(4×4)	⌀10@100/200	
	10.800~18.000	600×600	4⌀22	7⌀20	7⌀20	1(4×4)	⌀10@100/200	
	18.000~22.700	300×300	4⌀16	7⌀16	7⌀16	1(3×3)	⌀10@100/150	

柱配筋表二

柱号	标高	b×h	角筋	b边一侧中部筋	h边一侧中部筋	箍筋类型号	箍筋
KZ-9	0.000~3.600	700×700	4⌀22	7⌀22+2⌀20	7⌀22+2⌀20	1(5×5)	⌀10@100/200
	3.600~18.000	600×600	4⌀25	7⌀20	7⌀20	1(4×4)	⌀10@100/200
	18.000~21.300	300×300	4⌀25	7⌀25	7⌀20	1(3×3)	⌀10@100
KZ-10	0.000~18.000	600×600	4⌀25	7⌀20	7⌀20	1(4×4)	⌀12@100
KZ-11	0.000~3.600	610×670	4⌀22	7⌀20	7⌀20	1(4×4)	⌀10@100/200
	3.600~18.000	600×600	4⌀22	7⌀20	7⌀20	1(4×4)	⌀10@100/200
KZ-12	0.000~18.000	600×600	4⌀25	7⌀20	7⌀20	1(4×4)	⌀10@100/200
	18.000~21.700	300×300	4⌀22	7⌀20	7⌀20	1(3×3)	⌀10@100
KZ-13	0.000~3.600	700×700	4⌀22	7⌀23+2⌀20	7⌀22+2⌀20	1(5×5)	⌀10@100/200
	3.600~18.000	600×600	4⌀22	7⌀20	7⌀20	1(4×4)	⌀10@100/200
	18.000~22.700	300×300	4⌀16	7⌀16	7⌀16	1(3×3)	⌀10@100/150
KZ-14	0.000~18.000	600×600	4⌀25	7⌀20	7⌀20	1(4×4)	⌀12@100
	18.000~21.700	600×600	4⌀22	7⌀22	7⌀18	1(4×4)	⌀12@100
KZ-15	0.000~3.600	600×600	4⌀25	7⌀20	7⌀20	1(4×4)	⌀10@100/200
	3.600~7.200	600×600	4⌀22	7⌀20+2⌀16	7⌀20+2⌀16	1(4×4)	⌀10@100/150
	7.200~18.000	600×600	4⌀22	7⌀20	7⌀20	1(4×4)	⌀10@100
	18.000~21.700	300×300	4⌀22	7⌀18	7⌀18	1(3×3)	⌀10@100
KZ-16	0.000~3.600	700×700	4⌀25	7⌀22+2⌀20	7⌀22+2⌀20	1(5×5)	⌀10@100/200
	3.600~18.000	600×600	4⌀22	7⌀20	7⌀20	1(4×4)	⌀10@100/200
	18.000~22.700	300×300	4⌀16	7⌀16	7⌀16	1(3×3)	⌀10@100/150
KZ-17	0.000~18.000	600×600	4⌀25	7⌀20	7⌀20	1(4×4)	⌀12@100
	18.000~21.300	300×300	4⌀22	7⌀22	7⌀18	1(4×4)	⌀12@100

柱配筋表三

柱号	标高	b×h	角筋	b边一侧中部筋	h边一侧中部筋	箍筋类型号	箍筋
KZ-18	0.000~3.600	600×700	4⌀25	4⌀25	7⌀25+2⌀20	1(4×5)	⌀10@100
	3.600~7.200	600×700	4⌀25	7⌀25	7⌀25+2⌀20	1(4×5)	⌀10@100
	7.200~10.800	600×700	4⌀25	7⌀25	7⌀25+2⌀20	1(4×5)	⌀10@100
	10.800~14.400	600×700	4⌀25	7⌀25	7⌀25+2⌀20	1(4×5)	⌀10@100
	14.400~18.000	600×700	4⌀25	7⌀25	7⌀25	1(4×5)	⌀10@100
KZ-19	0.000~3.600	600×700	4⌀25	7⌀25+2⌀20	7⌀25+2⌀20	1(4×5)	⌀10@100
	3.600~7.200	600×700	4⌀25	7⌀25	7⌀25+2⌀20	1(4×5)	⌀10@100
	7.200~10.800	600×700	4⌀27	7⌀25	7⌀23+2⌀18	1(4×5)	⌀10@100
	10.800~18.000	600×700	4⌀18	7⌀18+2⌀16	4⌀18	1(4×5)	⌀10@100
KZ-20	0.000~3.600	600×700	4⌀25	7⌀25+2⌀20	7⌀25+2⌀20	1(4×5)	⌀10@100
	3.600~7.200	600×700	4⌀25	7⌀27	7⌀25+2⌀20	1(4×5)	⌀10@100
	7.200~18.000	600×700	4⌀25	7⌀25	7⌀25+2⌀20	1(4×5)	⌀10@100
KZ-21	18.000~21.700	300×300	4⌀22	7⌀22	7⌀20	1(4×4)	⌀10@100
KZ-22	18.000~22.700	300×300	4⌀16	7⌀16	7⌀16	1(3×3)	⌀10@100/150
KZ-23	18.000~21.300	300×300	4⌀25	7⌀25	7⌀20	1(3×3)	⌀10@100

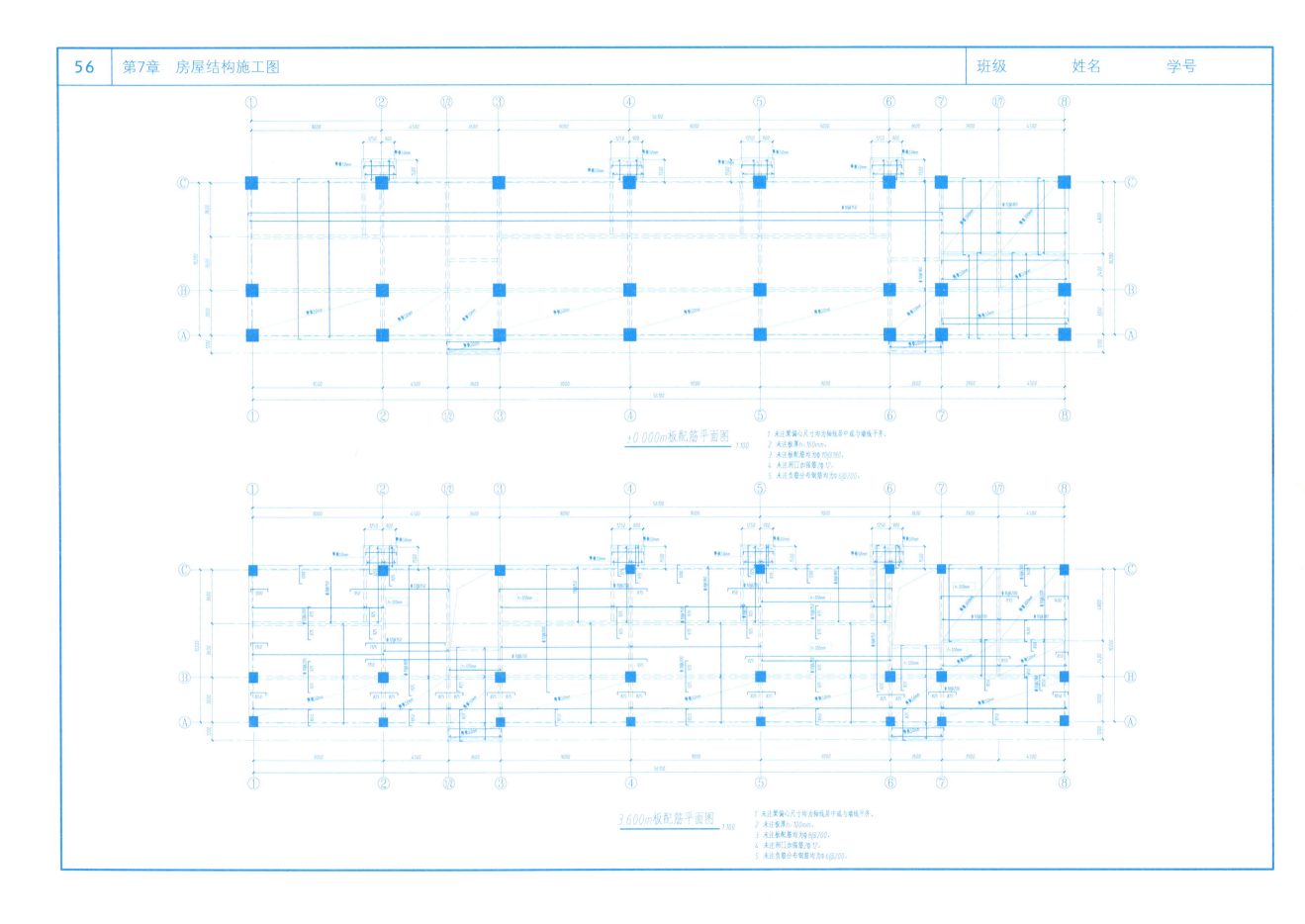

+0.000m板配筋平面图　1:100

1. 未注梁偏心尺寸均为轴线居中或与墙线平齐。
2. 未注板厚h=160mm。
3. 未注板配筋均为φ10@180。
4. 未注洞口加强筋2φ12。
5. 未注负筋分布钢筋均为φ6@200。

3.600m板配筋平面图　1:100

1. 未注梁偏心尺寸均为轴线居中或与墙线平齐。
2. 未注板厚h=100mm。
3. 未注板配筋均为φ8@200。
4. 未注洞口加强筋2φ12。
5. 未注负筋分布钢筋均为φ6@200。

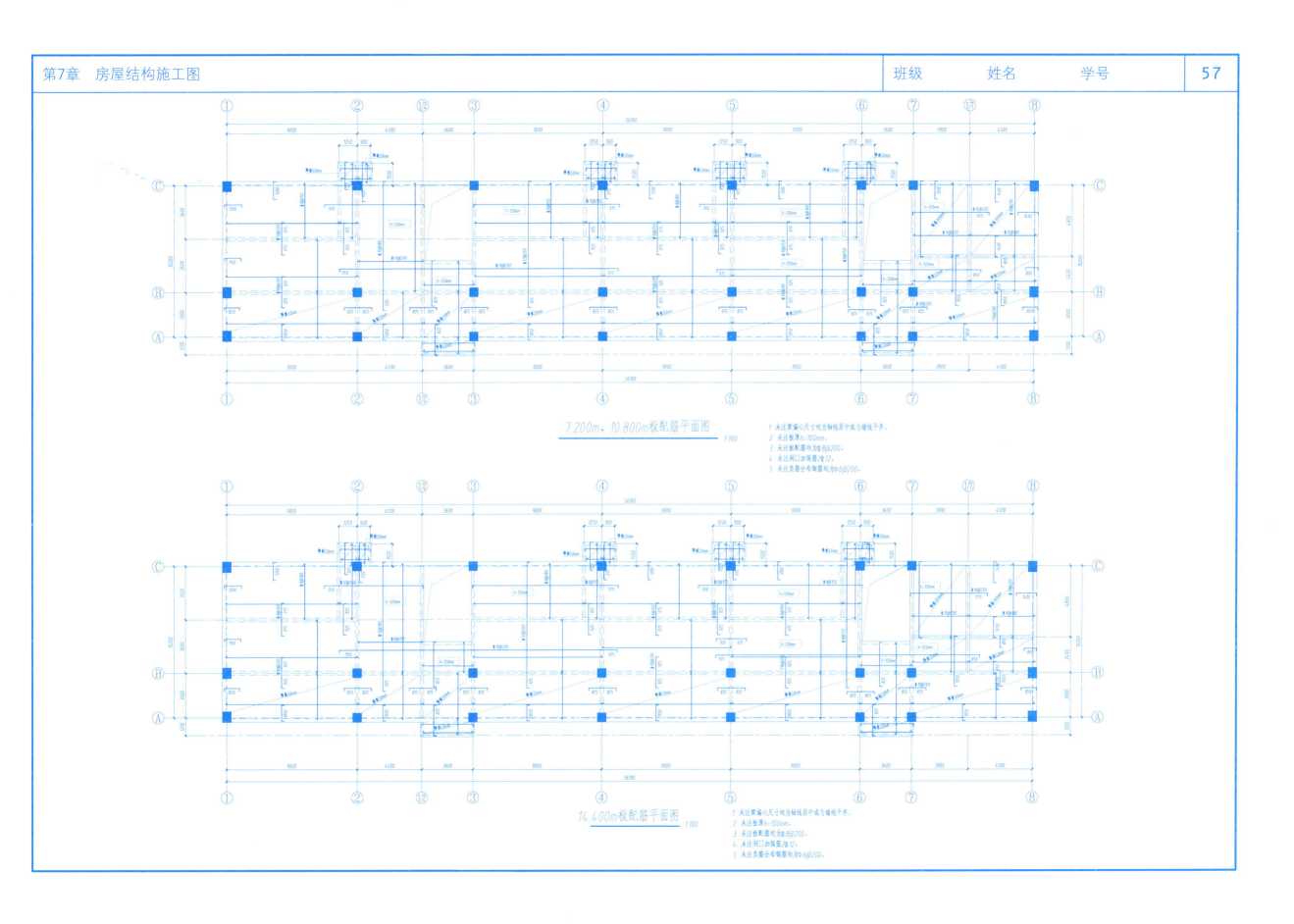

7.200m、10.800m板配筋平面图 1:100

1. 未注梁偏心尺寸均为轴线居中或与墙线平齐。
2. 未注板厚h=100mm。
3. 未注板配筋均为8@200。
4. 未注洞口加强筋2@12。
5. 未注负筋分布钢筋均为Φ6@200。

14.400m板配筋平面图 1:100

1. 未注梁偏心尺寸均为轴线居中或与墙线平齐。
2. 未注板厚h=100mm。
3. 未注板配筋均为8@200。
4. 未注洞口加强筋2@12。
5. 未注负筋分布钢筋均为Φ6@200。

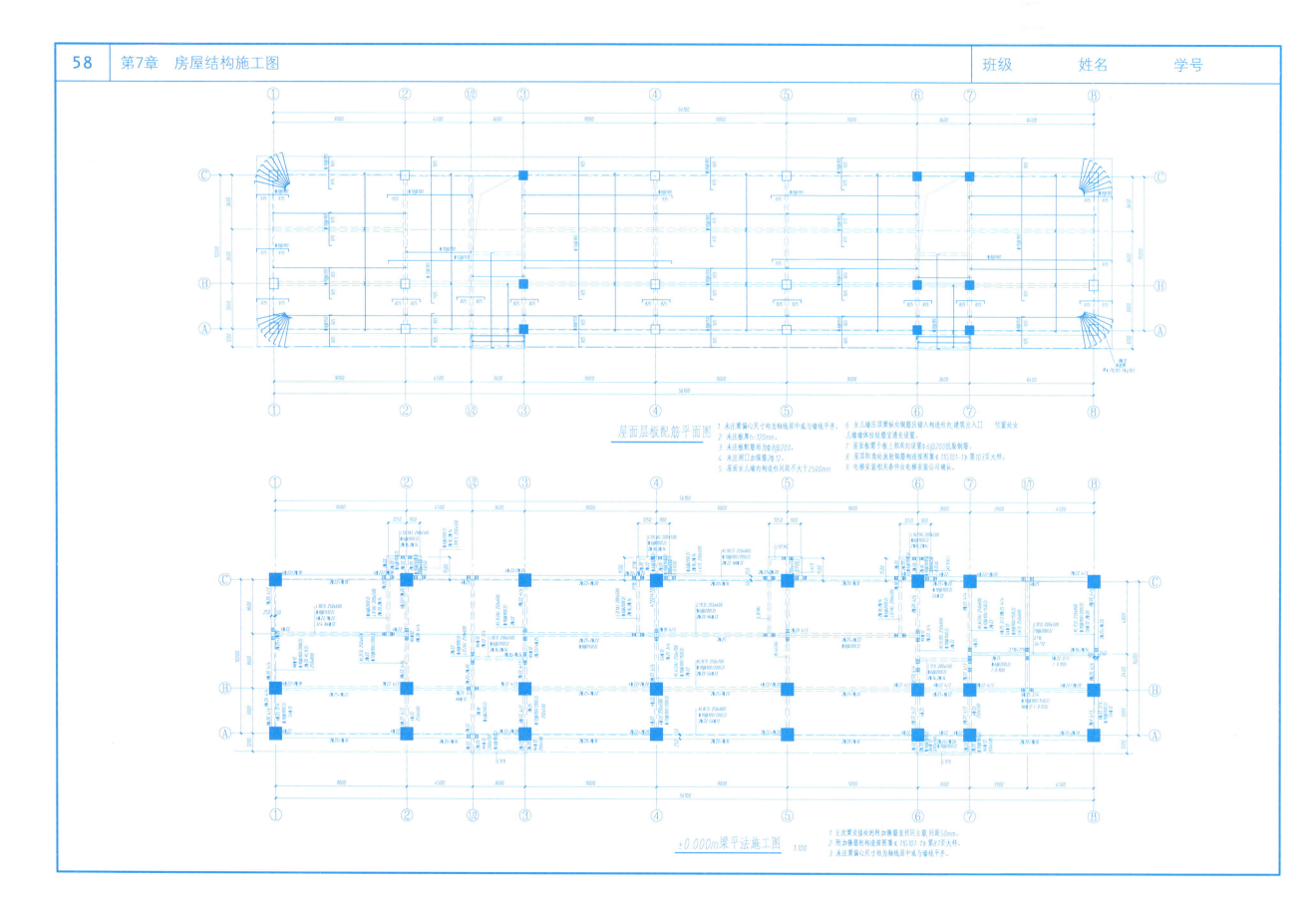

屋面层板配筋平面图

1. 未注梁偏心尺寸均为轴线居中或与墙线平齐。
2. 未注板厚h=120mm。
3. 未注板配筋均为Φ8@200。
4. 未注洞口加强筋Φ12。
5. 屋面女儿墙内构造柱间距不大于2500。
6. 女儿墙压顶纵向钢筋应锚入构造柱内，建筑出入口　位置处女儿墙墙体拉结筋宜通长设置。
7. 屋面板需于板上部双向设置Φ6@200抗裂钢筋。
8. 屋顶阳角处放射钢筋构造按图集《11G101-1》第103页大样。
9. 电梯安装相关条件由电梯安装公司确认。

+0.000m梁平法施工图　1:100

1. 主次梁交接处的附加箍筋直径同主筋，间距50mm。
2. 附加箍筋的构造按图集《11G101-1》第87页大样。
3. 未注梁偏心尺寸均为轴线居中或与墙线平齐。

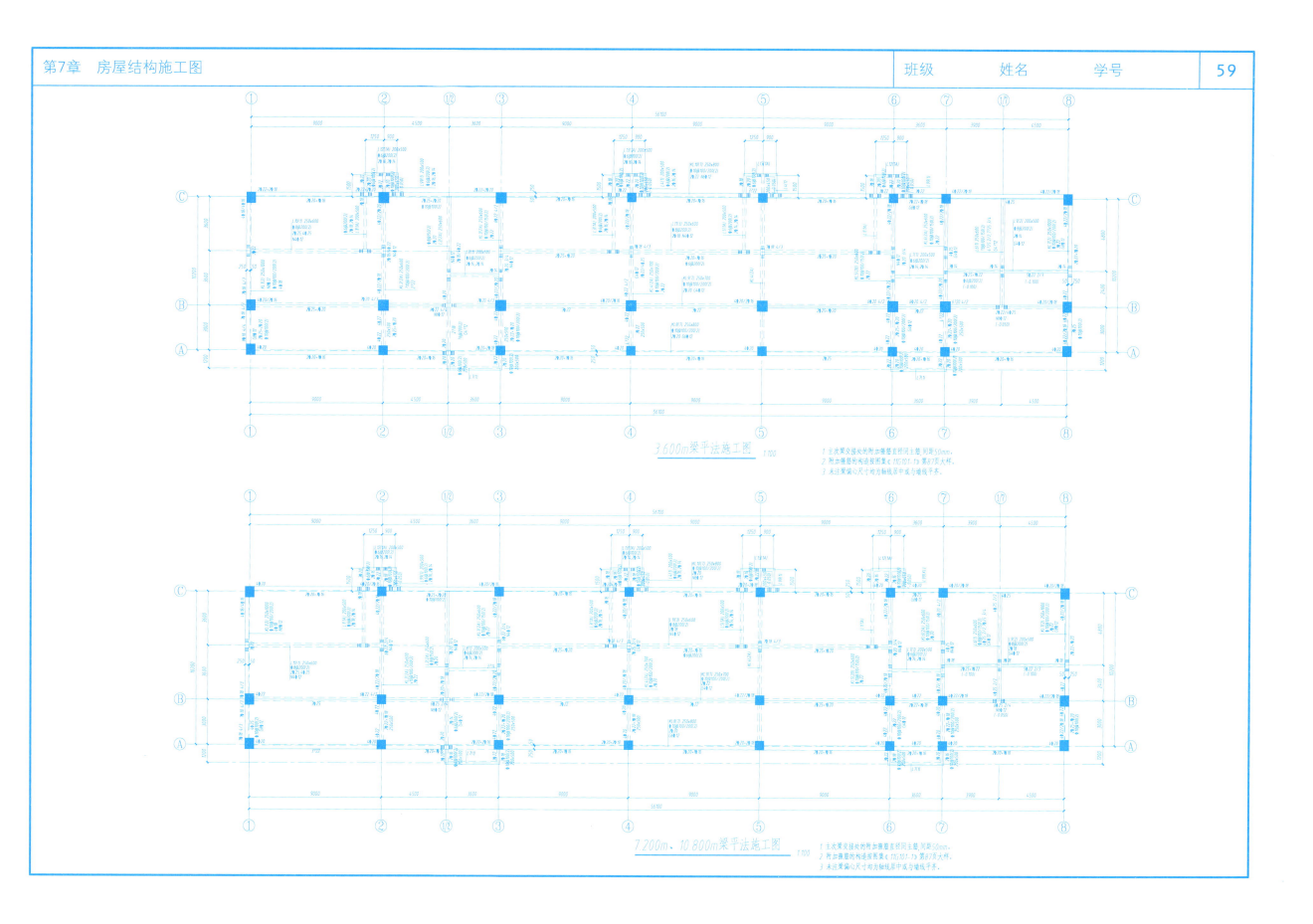

3.600m梁平法施工图　1:100

1 主次梁交接处的附加箍筋直径同主箍，间距50mm。
2 附加箍筋的构造按图集《16G101-1》第87页大样。
3 未注梁偏心尺寸均为轴线居中或与墙线平齐。

7.200m、10.800m梁平法施工图　1:100

1 主次梁交接处的附加箍筋直径同主箍，间距50mm。
2 附加箍筋的构造按图集《16G101-1》第87页大样。
3 未注梁偏心尺寸均为轴线居中或与墙线平齐。

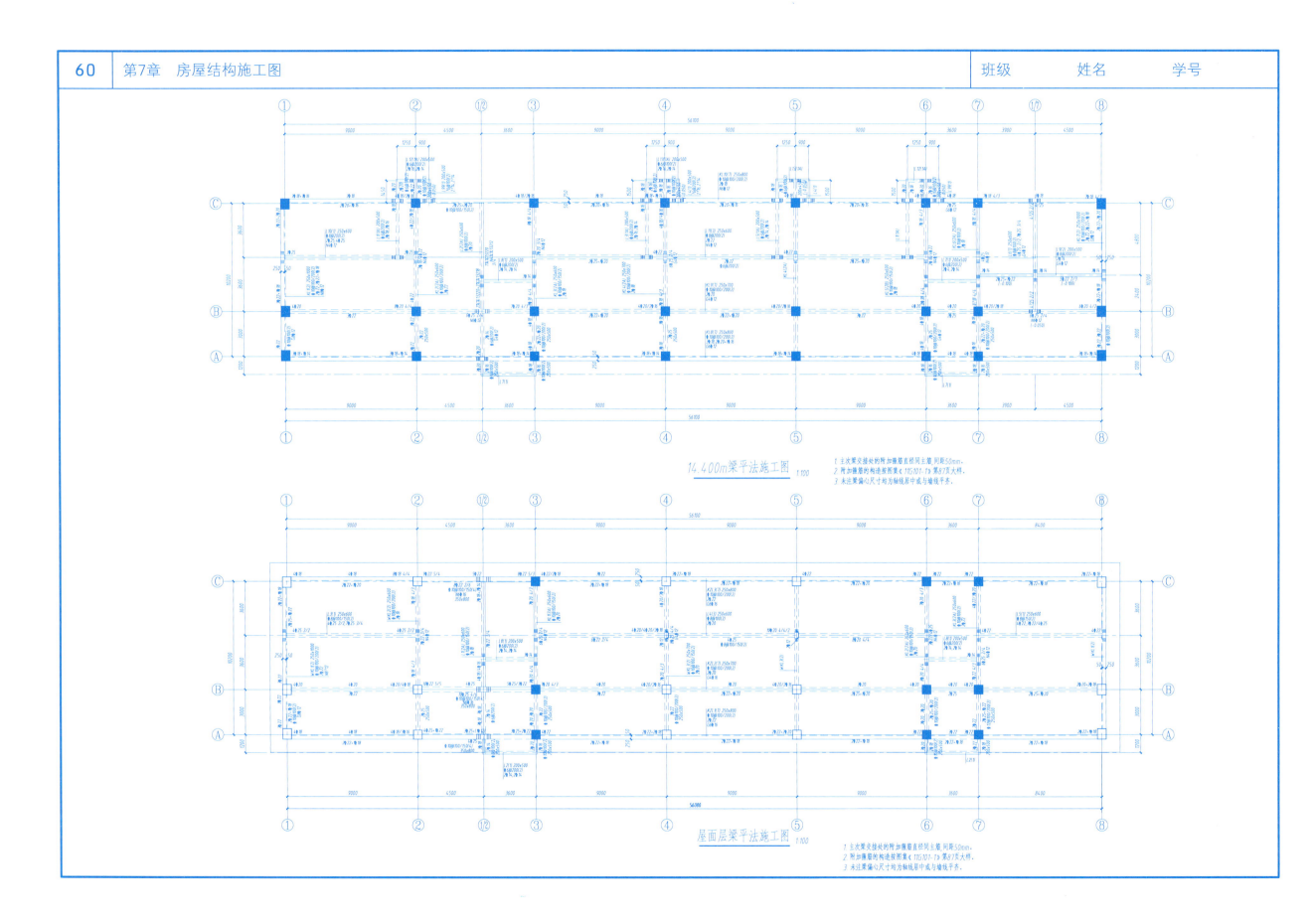

14.400m梁平法施工图 1:100

1. 主次梁交接处的附加箍筋直径同主箍，间距50mm。
2. 附加箍筋的构造按图集《11G101-1》第87页大样。
3. 未注偏心尺寸均为轴线居中或与墙线平齐。

屋面层梁平法施工图 1:100

1. 主次梁交接处的附加箍筋直径同主箍，间距50mm。
2. 附加箍筋的构造按图集《11G101-1》第87页大样。
3. 未注偏心尺寸均为轴线居中或与墙线平齐。

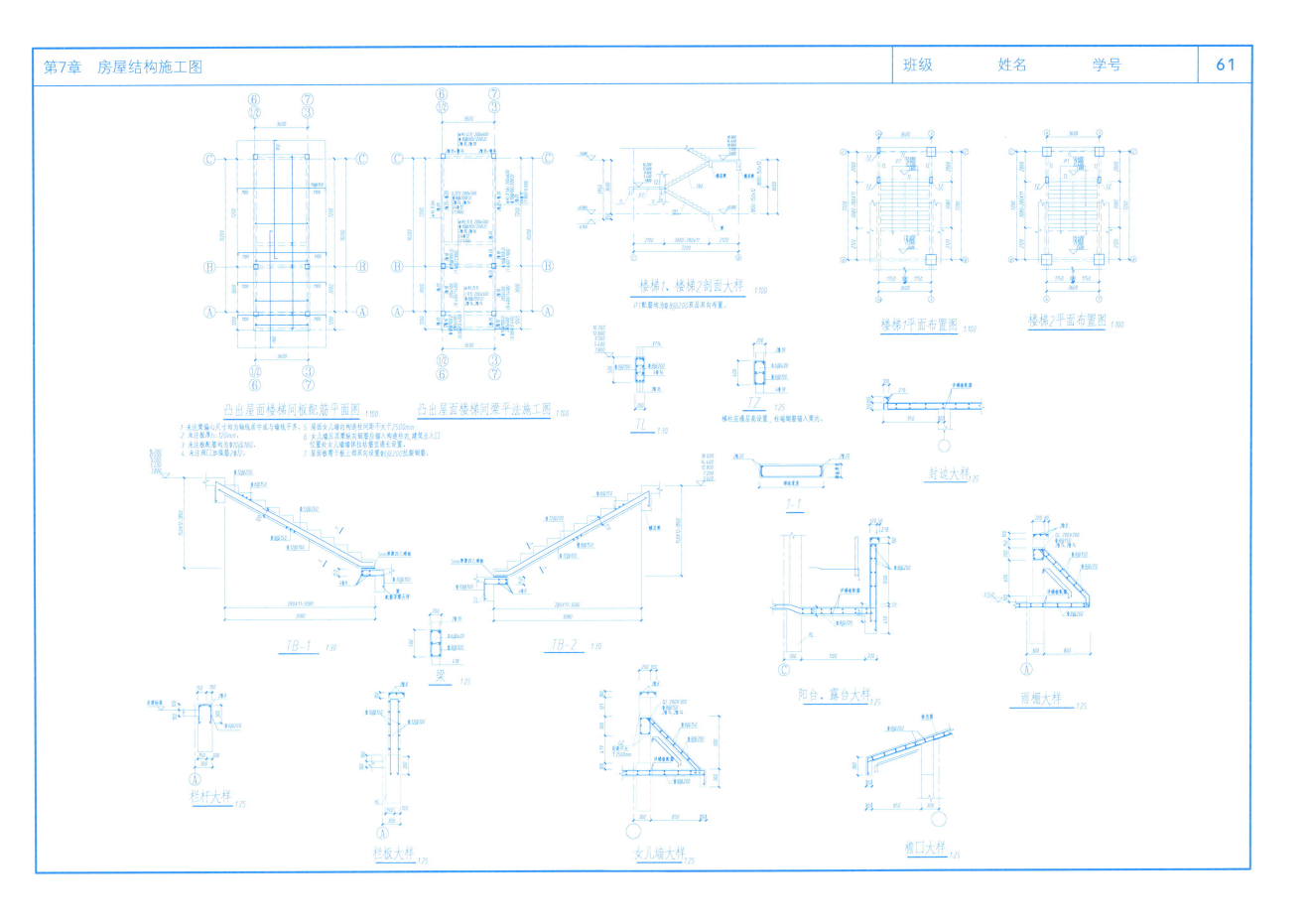

1. 道路路线工程图包括：_____、_____和_____，以此来表示道路路线的_____等内容。

2. 道路路线工程图中，路线平面图常采用_____比例绘制、路线纵断面图常采用_____比例绘制、路线横断面图常采用_____比例绘制。

3. 路基横断面图有三种形式，分别是：_____、_____、_____。

4. 每张路基横断面图的图下应注有该断面的_____、中心线处的_____以及该断面的_____。

5. 平曲线类型中，当设计是"直线+圆曲线+直线"形式，这时需标注曲线的_____、_____、_____三个主点桩号的位置；当设计是"直线+缓和曲线+圆曲线+缓和曲线+直线"形式，这时需标注曲线的_____、_____、_____、_____、_____五个主点桩号的位置。

6. 路基横断面图应按顺序沿着桩号_____、_____画出。在每张路基横断面图的右上角应画上_____，注明_____。

7. 桥梁主要由_____、_____、_____三部分组成，包括_____。

8. 根据《公路工程技术标准》规定，单孔标准跨径小于___或多孔跨径总长小于_____均称为涵洞。

9. 梁桥总体布置图由_____、_____、_____三部分组成。主要表达桥梁的_____。

10. 主要支撑桥跨上部结构，并且抵挡台后的路堤土压力，防止路堤填土的滑坡和坍落的桥梁两端的工程构造物称为_____；除此外，支承桥跨结构，并将荷载传至地基的桥梁其它的工程构造物称为_____。

11. 梁桥的T形主梁是由_____、_____和_____组成，T形主梁的梁肋骨架钢筋主要有_____、_____、_____。

12. 拱桥工程图由_____、_____和_____三部分组成。主要表达拱桥的_____等。

13. 桥涵工程图制图要求中，表达主体的线，采用_____线；表示被遮挡的轮廓、地质钻孔及里程线，采用_____线；标注线、引出线、折断线、地面线、水位线等线条，采用_____线；表示中心、对称等的点划线和地质分界线，采用_____线；阴影线条，采用_____线。

14. 在A4幅面的图纸上绘制重力式桥墩构造图（比例：1∶100）。

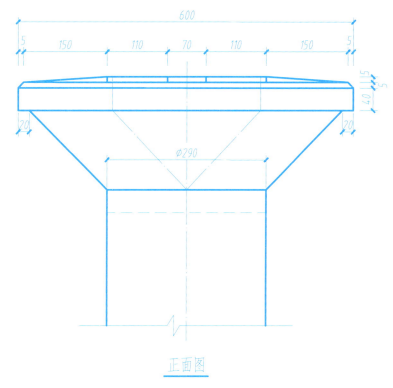

正面图

330
5 85 150 85 5
20 290 20

侧面图

注：本图尺寸单位cm。

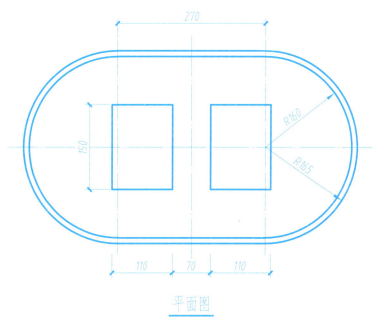

平面图